T0061984

17 MINUTOS

JORGE RAMOS

17 MINUTOS

ENTREVISTA CON EL DICTADOR

VINTAGE ESPAÑOL

Primera edición: mayo, 2021

© 2021, Jorge Ramos

Penguin Random House Grupo Editorial USA, LLC.
8950 SW 74th Court, Suite 2010
Miami, FL 33156

Diseño de portada: Penguin Random House
Foto de Portada: Cortesía de Univision

ISBN: 978-1-64473-414-8

Impreso en México – *Printed in Mexico*

21 22 23 24 25   10 9 8 7 6 5 4 3 2

A Chiqui, quien me ha regalado lo mejor de su vida
y que me ha enseñado a amar Venezuela.

A cada uno de los venezolanos, dentro y fuera de Venezuela, que
luchan por liberar a su patria de la dictadura.

Índice

Ser periodista significa ser desobediente. Y ser desobediente significa, entre otras cosas, estar en la oposición. Para estar en la oposición hay que decir la verdad. Y la verdad es siempre lo contrario de lo que se nos dice.

ORIANA FALLACI[*]

[*] Cristina de Stefano, *La corresponsal*, Madrid, Aguilar, 2015, p. 410.

Introducción

Esta es la entrevista con el dictador.

Duró solo 17 minutos.

La tarde del lunes 25 de febrero del 2019 entrevisté en el Palacio de Miraflores de Caracas, Venezuela, a Nicolás Maduro. Yo sabía que iba a ser una entrevista complicada. Sin duda, una de las más difíciles de mi vida. Pero nunca me imaginé que, por mis preguntas, fueran a bloquear y robarse físicamente la entrevista, confiscar nuestro equipo de grabación, detenerme y deportarme junto con el equipo de Univision.

Escribí este libro (más bien, lo recuperé) durante el confinamiento a causa de la pandemia en 2020. Después de pasar toda una vida quejándonos por la falta de tiempo, de pronto, nos sobraba y no sabíamos qué hacer con él. Entonces me puse a completar una tarea que tenía pendiente. Nunca me hubiera perdonado el olvidarla.

Hay, creo, muchas cosas que aprender. No solo de las dictaduras, sino también de la verdadera misión del periodista, que es cuestionar y retar a los que tienen el poder.

La historia de la entrevista censurada con Nicolás Maduro —cómo la realizamos, cómo nos despojaron de ella y cómo la recuperamos— siempre estuvo ahí. Solo había que transcribirla, ponerla en contexto, contar el antes y el después e incluir todas las voces que la hicieron posible. El paso del tiempo no le ha restado relevancia.

El dictador sigue ahí.

Hay, como en toda historia, cosas que no puedo contar, para proteger la vida y la confidencialidad de nuestras fuentes. La operación para recuperar la entrevista, por ejemplo, puso en riesgo a muchas personas. Pero lo más extraordinario fue la intención y la motivación de la mayoría de los venezolanos que colaboraron con nosotros: desenmascarar y desnudar al dictador.

Dentro y fuera del círculo rojo de Maduro hay muchos venezolanos absolutamente convencidos de que no hay futuro para su país sin la caída del dictador. Algunos de ellos me ayudaron a preparar las preguntas y la investigación. Otros me apoyaron en Venezuela. Y varios más hicieron hasta lo imposible para recuperar el material y que la entrevista saliera a la luz.

Todo por la democracia de Venezuela y en defensa de la libertad de prensa.

Como periodista yo sabía que muy pocas veces en la vida tienes la oportunidad de entrevistar a un dictador. Y cuando supe que Maduro estaba dispuesto a hablar conmigo frente a las cámaras de televisión, no pude desaprovechar la oportunidad. Preparé mi entrevista como pocas veces antes y calibré cada una de las preguntas. Sobre todo, la primera, la que marca el ritmo y el tipo conversación. Pero jamás pensé que se haría todo lo posible para que la entrevista no se viera, que yo terminaría arrestado y deportado, y que la misma gente de la dictadura se robaría nuestro equipo.

Esta es la increíble historia de lo que ocurrió.

1

El camión de basura no fue un montaje

La objetividad es ver el mundo como es, no como quisiéramos que fuera.[1]

Michael Bugeja, Universidad Estatal de Iowa

No lo habíamos planeado.

Una mañana estaba recorriendo, junto a un equipo de Univision, las calles de Caracas en el barrio del Chacao cuando pasamos al lado de un camión de basura. Entonces vi a tres hombres que se empinaban en la parte trasera del camión tratando de rescatar un poco de comida entre la basura. Movían, desesperados, los plásticos que encontraban para identificar algo comestible mientras el camión amenazaba con arrancar. Un empleado de limpieza, que acompañaba al chofer del camión, los veía sin ninguna emoción.

Paramos la camioneta en que nos transportábamos y bajé corriendo. Saqué mi celular y me puse a grabar.[2]

"Tenemos hambre", me dijo un adolescente con una camiseta negra y gorra beige, al momento de abalanzarse al camión por más comida. Luchaba por los desperdicios junto a otras dos personas.

Un joven de camiseta negra y gorro blanco se chupaba los dedos de su mano derecha, llenos de lo que alguna vez fue un pastel, o torta, como le dicen en Venezuela. "Hay que cambiar de presidente porque no podemos vivir así", me comentó sin que yo le preguntara nada. Y siguió: "Somos gente de la calle pero queremos sacar al presidente. Lo queremos sacar; no podemos vivir más así, comiendo la basura. Voy a 36 años y es la primera vez en mi vida que yo hago esto por mis hijos y por mí". "¿Cada cuánto tienen que hacer esto?", le pregunté. "Todos los días", me dijo, "porque ahora un sueldo ya no alcanza pa' nada".

El camión se fue por la calle, pero él seguía hablando. "Como la basura por primera vez en mi vida. Mi nombre es Jesús pa' que lo manden a YouTube, pa' Instagram, pa' donde sea. Pero no podemos seguir más en esto." "¿Qué le quisiera decir a Maduro?" "Cónchale Maduro, acuérdate que Venezuela es bonita y que Venezuela somos todos. Presidente, me disculpa, pero usted como presidente no sirve... Somos de la calle pero usted como presidente no sirve. Quiero que se vaya del país... Son 20 años que tenemos de pobreza."

La elocuencia y claridad de Jesús me impactó. Su hambre y su dolor eran reales. También era innegable la humillación que sentía al tener que comer basura.

Ahí supe que ese era un video que le quería mostrar al dictador Nicolás Maduro al día siguiente durante nuestra entrevista. Estábamos a unos 20 minutos del Palacio de Miraflores y la calle exhibía el terrible fracaso de la revolución bolivariana. Su promesa de ayudar a los más desamparados se había esfumado, frente a mí, en ese camión de basura.

Inmediatamente envié el video a uno de nuestros productores en Miami para que lo tuvieran listo al transmitir la entrevista al día siguiente. Pero jamás me imaginé que el régimen de Maduro nos censuraría la entrevista, confiscaría nuestras cámaras y detendría a todo el equipo de Univision.

Fue precisamente después de ver ese video que Maduro se levantó y dio por terminada la entrevista. Nos quedamos sin nada. Sin embargo, como ese video ya lo habíamos enviado a Univision en Miami, sí pudimos mostrarlo públicamente como el detonante que dio fin al encuentro en el Palacio de Miraflores.

Las acusaciones de Jesús eran gravísimas. Culpaba a Maduro de la hambruna que vivía el país y le pedía que dejara el poder. La entrevista no se podía ver pero el video del camión de basura sí. Y se hizo viral.

Desde luego, en la jungla donde las redes sociales se cruzan con el chavismo, hubo quienes sospecharon del origen de nuestro video y hasta sugirieron que se trataba de un montaje. Pero todo había sido cierto.

El reportero Daniel Lozano del periódico español *El Mundo* fue a buscar a Jesús en las calles de Caracas, unos días después de la entrevista, y lo encontró, a pesar de que hay días en que no tiene donde dormir. Se llama Robert Jesús Guerrero y se gana la vida reciclando basura para darles de comer a sus dos hijos, Arantxa y Shubirut. Incluso, se dejó fotografiar con su pareja.

"Lo primero que me encontré fue al camión de la basura sacando las bolsas de la panadería, me atreví a curiosear y saqué unos dulces, con tanta hambre que me los comí", le explicó Jesús al reportero de *El Mundo* sobre el día en que lo grabé con mi celular. "Llegaron unos señores a entrevistarme y les di el voto de confianza para contarles lo que yo siento sobre este país."

Maduro podía esconder y hasta destruir nuestra entrevista pero no la diaria tragedia que viven muchos venezolanos como Jesús.

Aun así, recibí montones de críticas. Me decían que ese tipo de imágenes se pueden ver en cualquier país de América Latina. Recibí, también, fotografías de personas buscando comida entre la basura en la ciudad de Los Ángeles. Y todo eso es válido. Yo también lo he visto en muchos lugares del mundo.

Pero el video de Jesús con el camión de basura fue distinto porque rompía la narrativa oficial del gobierno de Maduro de que la revolución había mejorado el nivel de vida de los venezolanos más pobres. A pesar de las infladas estadísticas gubernamentales, el hambre se sentía brutalmente a solo unos kilómetros del Palacio de Miraflores.

Lo más sorprendente, sin embargo, es que ese fue un video que Maduro no quiso seguir viendo durante la entrevista. De manera absurda, casi cómica, trata de taparlo con una de sus manos para evitar que lo capten las cámaras de televisión. Al darse cuenta de que no puede hacerlo, se da la media vuelta y se va.

Maduro podía censurar una entrevista en el Palacio de Miraflores. Pero no podía ocultar la realidad ni el hambre en Venezuela.

2

"¡Esta no es la entrevista que autorizamos!"

> Nada es tan peligroso como dejar permanecer largo tiempo en un mismo ciudadano el poder. El pueblo se acostumbra a obedecerle y él se acostumbra a mandarlo, de donde se origina la usurpación y la tiranía.
>
> SIMÓN BOLÍVAR[1]

"¡Esta no es la entrevista que autorizamos!" gritó el ministro de comunicaciones, Jorge Rodríguez, levantando la mano frente a una de nuestras cámaras de televisión y ordenándole al equipo de seguridad del Palacio de Miraflores en Caracas que confiscara las tarjetas donde se había grabado la entrevista con el dictador. El grito del ministro —un hábil y tenebroso psiquiatra que había autorizado la entrevista y que permitió nuestra entrada al país— tenía también el propósito de que lo escuchara Nicolás Maduro, quien se apartaba ya del lugar de la entrevista en el patio interior del palacio de gobierno junto a la comitiva oficial que había ido a escucharlo.

"La entrevista se terminó", dijo Maduro. "¿Por qué no contesta mis preguntas?", le insistí. Y luego, antes de que se fuera, alcancé a decirle: "Esto que usted está haciendo no lo hacen los demócratas; esto es lo que hacen los dictadores".

No respondió nada. Mientras tanto, el ministro Rodríguez seguía gritando, fuera de sí: "¡Quítenselo todo! ¡De aquí no sale nada!"

Así lo recuerda la productora Claudia Rondón: "Ya cuando Maduro se levanta, cuando ya yo vi que él se quitó el micrófono es que no había un punto de retroceso. En ese momento estábamos todos muy nerviosos. Yo estoy viendo a los guardias bloqueándonos y empiezan a apagar las cámaras. '¡Apaguen! ¡Apaguen! ¡Apaguen!' Es un bloqueo total… Y a nosotros automáticamente nos quitan los teléfonos".

Tareck El Aissami, el ministro de Petróleos de Venezuela (PDVSA) y uno de los miembros de la comitiva de Maduro, le quitó el celular a uno de nuestros camarógrafos. Así, parte del gabinete de Maduro se transformó en un instante en una banda de ladrones.

Una docena de técnicos y agentes del equipo de seguridad estaba sacando las tarjetas de video de las tres cámaras con las que habíamos grabado la entrevista y exigiendo que les entregáramos nuestros celulares. Yo me negué a darles el mío.

La vicepresidenta Delcy Rodríguez —quien también había venido a ver la entrevista— se acercó a mí y, levantando la mano, gritó: "¡Respeten!¡Respeten!" y "¡Ustedes odian a la revolución!" Durante la entrevista ella había estado dando vueltas, nerviosa, detrás de las cámaras, mientras yo cuestionaba a Maduro. Estaba tan inquieta durante la entrevista, incluso distrayendo a Maduro, que en un momento llegué a pensar que intentaría detener la conversación.

De pronto, y antes de que Maduro saliera rodeado de su esposa Cilia Flores y de sus incondicionales del patio central, escuché otro grito de alguien de su comitiva: "¡Saquen del Palacio a ese maricón!" No pude identificar quién lo dijo.

Inmediatamente después dos agentes se me acercaron, me apartaron de los otros seis miembros del equipo de Univision y me llevaron hacia la puerta principal del jardín interior.

Salimos del Palacio, cruzamos el estacionamiento y dejamos atrás la sala de prensa donde habíamos estado esperando horas para la entrevista. Caminé con los dos agentes bien pegados a mis hombros. Lo hicimos en absoluto silencio. Nadie dijo nada. Fueron un par de tensos minutos. Vi la reja de la entrada y creí que me echarían a la calle.

Pero, a pocos metros de la puerta del complejo presidencial, antes de salir, llegó corriendo otro agente y evitó que yo saliera. El ministro Rodríguez, según recuerda Claudia, había dicho: "¡Mándelo a parar! Él no puede salir de aquí". Entonces me metieron en la caseta de seguridad donde habíamos pasado por el detector de metales antes de la entrevista.

La vicepresidenta y directora de asignaciones de Univision, María Martínez, sin que yo lo notara había salido detrás de mí y, al mismo tiempo, otros dos agentes la estaban siguiendo a ella. Me sorprendí cuando la vi entrar al cuartito. Su instinto, como siempre, era el correcto. No quería dejarme solo. "¿Estás bien JR?", me preguntó. "Sí", le contesté, no muy convencido. Todavía estaba en *shock* por lo que acababa de ocurrir. No podía creer que nos hubiesen robado la entrevista. En mi carrera había tenido varias entrevistas conflictivas, pero nunca me habían decomisado ninguna, ni quitado el equipo de televisión con que se filmó.

María es una guerrera que no parece tenerle miedo a nada. Llevamos décadas trabajando juntos. Fue la directora de *Al punto*, el programa dominical de entrevistas que se transmite desde el 2008. Siempre dice lo que piensa. Se ha ganado el afecto y la solidaridad de la sala de redacción por defender a los miembros más jóvenes del equipo y por impulsar la carrera de muchas mujeres. Por eso, en parte, fue designada vicepresidenta ejecutiva del departamento de noticias de Univision. María, una cubanoamericana que suele cuestionar y poner en aprietos a los que expresan sin argumentos posiciones muy liberales, me ha acompañado en algunas de las coberturas más importantes de mi carrera. Cuando se enteró de que Maduro había accedido a ser entrevistado, me dijo: "Yo voy contigo". Nadie se atrevió a decirle que no.

Y fue la decisión correcta. Ahí estaba María, junto a mí, en un cuartito del Palacio de Miraflores, preguntándoles a los agentes por qué no nos dejaban ir. Nadie tenía una respuesta, y nadie, me quedaba claro, quería pelearse con ella. Pero no nos dejaban salir. "¿Estamos detenidos?", le pregunté a uno de los agentes. "No, no están detenidos", me dijo con una sonrisa burlona.

Sabíamos que nos querían quitar los celulares; supongo que para asegurarse de que la entrevista o parte de ella no hubiera sido grabada en ellos. Pero María también se había resistido a darles el suyo. Así que ahí estábamos los dos, detenidos y a punto de que nos despojaran de los teléfonos.

De pronto, tomamos la decisión que nos salvaría. Yo no quería sacar mi móvil de la bolsa delantera de mi pantalón por temor a que me lo arrancara uno de los agentes que nos custodiaban. "Llámale a Daniel", le dije a María. Con los ojos nos entendimos. María empezó a marcar a Miami, a Daniel Coronell, presidente de noticias de Univision. "¡No pueden hablar por teléfono!", gritó uno de los agentes. Pero María no le hizo caso. "Yo le llamo a quien yo quiera, tú no me vas a decir qué hacer", le respondió. Y continuó con la llamada.

"Oye, estamos aquí en Miraflores, nos han quitado nuestros equipos y estamos retenidos", le dijo María a Daniel por teléfono.

Los agentes —todos vestidos de civiles— nos miraban incrédulos, escuchando cada una de nuestras palabras. Pero por una extraña razón no le arrebataron el celular a María. Ella es una leona. Supongo que les dio miedo enfrentarse a ella. Uno de los agentes volvió a acercarse a María y, con tono amenazante, le dijo que tenía que colgar.

Colgó. Pero esa llamada lo cambió todo.

"Me entró una llamada de María", recuerda Daniel, "me dijo: 'Estamos detenidos. Por favor avisa que estamos detenidos'. Y le dije: '¿Y Jorge?' Me lo pasaron y le dije: 'Jorge ¿qué es lo que está pasando?' Y él me dice: 'Sí, evidentemente nos detuvieron'. Acto seguido me dijo: 'Me están arrebatando el teléfono'. Y después de eso ya no me pude volver a comunicar con ellos."

Daniel llamó al embajador de Estados Unidos en Colombia, a quien se le informó que había varios ciudadanos estadounidenses detenidos en Venezuela y este prometió ayudar. "No se preocupe, ya lo activo", le dijo a Daniel. El embajador, por coincidencia, estaba reunido en ese momento con el vicepresidente de Estados Unidos, Mike Pence, quien participaba en Bogotá en la reunión de ministros de relaciones exteriores del Grupo de Lima.[2] La información se difundió rápidamente dentro del gobierno de Estados Unidos y pronto empezarían a tuitear al respecto.

Además, Daniel se comunicó con un representante del gobierno mexicano. Eso era importante, ya que México era uno de los pocos países latinoamericanos que mantenía relaciones diplomáticas con el gobierno de Maduro.

Esa llamada a Miami, finalmente, les haría saber a varios medios de comunicación y diplomáticos extranjeros la situación en que nos tenían. Los otros cinco miembros del equipo de Univision —la productora Claudia Rondón, quien había conseguido la entrevista y tomado detalladas notas durante el encuentro; los valientes Francisco Urreiztieta y Édgar Trujillo, corresponsal y camarógrafo de nuestra oficina en Caracas; y los camarógrafos veteranos de muchas batallas, Martín Guzmán, de México, y Juan Carlos Guzmán, de Colombia— fueron llevados, sin su equipo de grabación, a la sala de prensa del Palacio de Miraflores.

A ellos ya les habían quitado las tarjetas de grabación, todos sus celulares, y no los dejaban salir. "No hubo opción de que uno pudiera quitar la tarjeta y guardarla o esconderla", recuerda Juan Carlos, en un reportaje del programa *Aquí y ahora*. "Martín trató de hacerlo y lo vieron; el miedo que me dio fue que de pronto nos fueran a agredir por un hecho como ese."

"Estaban muy agresivos", coincide Martín en el mismo reportaje. "Las expresiones eran: '¡Quítales todo!', uno gritaba, y el otro: '¡Te voy a quitar las tarjetas!'"

"Estaban realmente furiosos", recuerda Claudia en un programa especial de Univision. "No nos dejaban ir a ningún lado. Tomaron nuestros teléfonos. Tomaron todo. Fue un momento muy tenso para nosotros." Claudia y María, las dos nacidas en Cuba, aseguran que había varios cubanos en el equipo de seguridad de Maduro. Hay acentos que no se pueden ocultar.

Mientras tanto, Daniel Coronell estaba desatando una verdadera tormenta digital de tuits. Daniel habló con el equipo digital de Univision en Miami y rápidamente subieron la información en el portal de la cadena: "Un equipo de periodistas de Univision Noticias, encabezado por @jorgeramosnews, se encuentra retenido en el Palacio de Miraflores desde la tarde de este lunes por órdenes de Nicolás Maduro".

Y poco después salió otro tuit más: "#ÚLTIMAHORA: A Nicolás Maduro le disgustaron las preguntas de una entrevista y ordenó detener la grabación, decomisar los equipos y retener a los seis periodistas de @Univision en el Palacio Miraflores en Caracas #Venezuela".[3]

El mismo Daniel en su cuenta personal en Twitter (@DCoronell) explicó lo que estaba ocurriendo con mucho más detalle. "Agentes del @SEBINoficial siguen vigilando a los miembros del equipo periodístico de @Univision. Hacemos responsable a @NicolasMaduro de la seguridad de nuestros periodistas, que fueron arbitrariamente detenidos en Caracas",[4] escribió. Él sabía que era fundamental que nos liberaran lo antes posible. Si pasábamos la noche detenidos, cualquier cosa podría ocurrir. Los agentes del servicio de inteligencia del gobierno (Sebin) eran particularmente brutales con sus detenidos. Yo había hecho bien mi tarea y sabía lo que nos esperaba si no nos liberaban rápidamente.

Estaba empezando a anochecer cuando uno de sus agentes, aparentemente de mayor rango por la deferencia hacia él de sus compañeros, se nos acercó a María y a mí. Nos pidió que nos sentáramos. Trató, por las buenas, de que le entregáramos los celulares y, una vez más, le dijimos que no. "¿Estamos detenidos?", le pregunté y nos dijo que no. "¿Entonces nos podemos ir?", insistí, y él solo volteó la cara y no dijo nada.

"Ustedes nos robaron la entrevista", le dije, y él, para mi sorpresa, se ofendió. Replicó que ellos no eran unos ladrones y que solo estaban haciendo su trabajo. Intentó por varios minutos establecer una relación más cordial con nosotros y volvió a pedir los celulares y las claves. De nuevo, le dijimos que no. Se levantó y se fue.

A los pocos minutos entraron varios agentes más. Apenas cabíamos en la pequeña sala de seguridad a la entrada del Palacio. Uno de ellos apagó la luz del cuartito, ya había anochecido, y en la oscuridad dos agentes se me acercaron, me inmovilizaron, me quitaron el celular que tenía en la bolsa derecha del pantalón y mi *backpack*.

A María le ocurrió algo similar. Así lo recuerda: "Yo diría que había entre 15 o 16 hombres allá dentro y yo era la única mujer… Llaman a una mujer para que esa mujer me pueda chequear. Yo no tenía nada en ninguna parte mía personal. La señora me toca los senos, me mete las manos adentro de los pantalones. Yo estaba en una furia total. Te digo que miedo no fue lo que sentí; sentí furia".

Ahí, en la oscuridad, uno de los agentes, con tono amenazante, nos volvió a pedir las claves de los celulares. María les dijo que el de ella ya estaba desbloqueado. Yo le pedí que me acercara el mío y, mientras él lo detenía, puso su celular detrás del mío. Le dije que lo quitara para que no pudiera grabar mi código secreto; lo hizo y luego pulsé mi clave sin que él la viera. Yo sabía que después de unos segundos sin actividad mi celular se volvería a bloquear. En mi celular yo no había grabado nada de la entrevista. Pero ellos no lo sabían. Lo que más me preocupaba es que tuvieran acceso a todos mis contactos y a las claves secretas de documentos personales.

Efectivamente, tal y como lo suponía, mi celular se volvió a bloquear luego de un tiempo sin actividad. El agente me volvió a pedir la clave y ya no se la quise dar. No insistió. Igual, se llevó los celulares de ahí.

Por fin, después de una hora de detención, nos dejaron salir del cuartito de seguridad. Frente a nosotros pasó, aún dentro de Palacio, un autobús pequeño y nos ordenaron que nos subiéramos a él. Dentro ya estaban nuestros compañeros de Univision. María y yo nos negamos a subirnos. Lo peor que nos podría pasar era que nos llevaran a un centro de detención o a una cárcel clandestina y que ya luego nadie supiera nada de nosotros por días. No eran elucubraciones abstractas. En mi investigación antes de la entrevista, y basado en reportes de organizaciones de derechos humanos, detenidos hablaban de esa forma de operar de los agentes del Sebin.

Temíamos, por supuesto, que nos subieran por la fuerza al camión. Pero insistimos en que nos dejaran regresar al hotel en nuestra propia camioneta. Nos dijeron que no. Querían que nos subiéramos al autobús. Ya.

Uno de los agentes regresó y nos dijo que habían revisado nuestras tarjetas de video y que había unas imágenes preocupantes. Aparentemente uno de nuestros camarógrafos había filmado el estacionamiento del Palacio de Miraflores mientras esperábamos entrar a la entrevista y parte de una conversación que habíamos tenido con el ministro Jorge Rodríguez en la sala de prensa. Los buenos camarógrafos (y me ha tocado trabajar con los mejores) graban todo, todo el tiempo. Y esta vez no era la excepción. Pero seguramente querían usar esa excusa para acusarnos de espionaje o de cualquier otra cosa. Estábamos en sus manos.

Y ahí, mientras discutíamos, me encontré con uno de los agentes que parecían estar a cargo de nuestra detención, y le dije: "Revisa Twitter. Todo el mundo se va a enterar de lo que nos están haciendo". Se fue sin decir una palabra. Y unos

20 metros más adelante sacó su celular y se detuvo. Luego siguió caminando y lo perdí de vista.

La noticia ya se había esparcido a los más altos niveles del gobierno de Estados Unidos. Kimberly Breier, entonces subsecretaria de Estado para Asuntos del Hemisferio Occidental, publicó un tuit que decía: "el Departamento de Estado ha recibido información que @jorgeramosnews y su equipo están retenidos contra su voluntad en el Palacio de Miraflores por Nicolás Maduro. Insistimos en su inmediata liberación; el mundo está viendo".[5]

No sé con quién habló el agente venezolano encargado de custodiarnos pero, cuando regresó, dio la orden de que dejaran bajar del camión a mis compañeros y que nos permitieran a todos regresar en nuestra camioneta al hotel. No teníamos la entrevista, ni las cámaras ni los celulares. Pero estábamos libres. O por lo menos eso creíamos.

"Estaba furiosa", recuerda María. "Yo quería irme con los equipos. Robaron el trabajo de Jorge. Robaron el trabajo de los camarógrafos. Yo no me quería ir sin eso."

Habían transcurrido alrededor de dos horas desde el momento en que nos detuvieron. La tormenta de tuits que lanzó Daniel Coronell desde Miami había funcionado. Siempre se lo voy a agradecer. Él sabía lo importante que eran las primeras horas y que no nos llevaran detenidos a una cárcel. De ahí nunca saldríamos bien.

3

La llegada al Palacio

La democracia es mala para el antidemócrata.

KAREN STENNER[1]

El Palacio de Miraflores estaba fuertemente custodiado. En una de sus esquinas vi a unos soldados, parados y atentos, detrás de una metralleta y protegidos por bolsas de arena. Desde luego, en todos los lugares donde viven o trabajan los líderes políticos de un país existe un fuerte aparato de protección. Pero en Venezuela daba la sensación de que se estaban preparando para un inminente combate.

La entrevista se había pautado originalmente para el lunes 25 de febrero del 2019 por la mañana. Creí que iba a ser una entrevista exclusiva. Pero poco después que llegamos al Palacio de Miraflores me encontré con la sorpresa de que un equipo de la cadena estadounidense ABC News, encabezado por el conductor Tom Llamas, también estaba ahí.

A Tom le tengo mucho afecto y respeto. Lo conozco desde que era adolescente y fue a visitar los estudios de Univision en Miami. Su padre Luis Llamas, el dentista de mis hijos, estaba muy orgulloso de él y sabía que Tom tenía como misión en la vida ser un gran periodista. Cuando Donald Trump me expulsó de una conferencia de prensa en Iowa en agosto del 2015, solo Tom y la periodista de MSNBC, Kasie Hunt, salieron a defenderme frente al candidato presidencial. Por eso, cuando lo vi en Caracas, supe que estaba en buena compañía y, en lugar de competir con él, nos ayudamos para que salieran las dos entrevistas.

Pero las cosas no se veían bien. Tom y su equipo habían estado en Caracas el fin de semana anterior y les habían cancelado la entrevista de último momento. Ahora, ya dentro del palacio presidencial, nos dijeron que los encuentros tendrían que posponerse para el siguiente día. Tom y yo nos quejamos inmediatamente con el ministro Rodríguez y le hicimos ver que a Maduro le convenía hablar ese día en que no había ninguna otra noticia llamando la atención en Estados Unidos. Uno de mis camarógrafos grabó ese pequeño encuentro de Tom y yo con Rodríguez. Fue casi un instinto de su parte. Lo que no sabíamos en ese momento es que luego tratarían de usar esas imágenes para acusarnos falsamente de espionaje.

Al final, el ministro Rodríguez dijo que consultaría con Maduro la posibilidad de mantener las entrevistas para ese mismo día. Más tarde llegó la respuesta: aceptaron y nos citaron a las tres y media de la tarde.

Tom tendría la primera entrevista y luego yo. Eso, supuse, me daría un poco más de tiempo para conversar con Maduro sin prisa. Regresamos antes de la hora pautada y el equipo de ABC News ya estaba listo para su entrevista, que comenzó alrededor de las cinco de la tarde. Esas largas esperas son una socorrida práctica de algunos líderes para que el periodista esté agradecido y suavice sus preguntas una vez empiece la conversación.

A nosotros nos pusieron a esperar en la sala de prensa, siempre custodiados por un militar o un asistente. La sala para los periodistas, moderna y funcional, contrasta con el resto de la construcción ideada originalmente por un conde italiano.

Tres cosas transmite el palacio: poder, estabilidad y lejanía con el pueblo. Ese palacio, con todos los lujos y comodidades de un rey, es el símbolo perfecto de quien se ha olvidado de sus gobernados. Bastan unos días ahí encerrado para desconectarse de la terrible realidad en que viven casi 30 millones de venezolanos.

El Palacio de Miraflores se empezó a construir en un terreno irregular en 1884, por precepto del general Joaquín Crespo. Está en los terrenos de la antigua hacienda La Trilla. Pero fue su sucesor, Cipriano Castro, quien lo utilizó por primera vez como residencia presidencial. De hecho, el general Castro llegó ahí por miedo. El terremoto del 29 de octubre de 1900 sembró el pánico en Caracas y el nuevo presidente quería un lugar a prueba de sismos. Desde entonces, el Palacio de Miraflores ha aguantado todo tipo de temblores.

Dos militares fueron los primeros ocupantes de un lugar que desde finales del siglo XIX ha significado el centro del poder en Venezuela. Se ha modificado y expandido en innumerables ocasiones, siguiendo los caprichos del ocupante en turno, pero siempre ha mantenido su estructura original, tipo hacienda, con un rectangular patio interior desde donde se comandan todos los salones a su alrededor.

En el centro del complejo hay una fuente de piedra negra sobre dos estanques circulares de mosaicos blancos y azules. Cuando yo estuve ahí el agua caía a chorros. Este detalle me pareció importante, no solo por el ruido que haría durante la entrevista, sino también porque significaba que alguien estaba pendiente de que ahí las cosas funcionaran. Lo primero que se descuida en cualquier museo o palacio son las fuentes.

Sí, en el Palacio de Miraflores todo parecía estar cuidado, desde la seguridad y el exceso de personal hasta la obsesiva pulcritud de cuadros y espejos. Nada parecía improvisado. Los protocolos se seguían en orden y en silencio. Los lujos y gastos de operación en la casa de gobierno (Maduro duerme en otro lugar) contrastaban con la muy precaria situación en el resto del país.

El palacio tenía también un pequeño salón de producción —junto a la sala de prensa— donde estaban grabando la entrevista que Tom le hacía a Maduro. Es decir, mientras ABC News realizaba su entrevista, el gobierno venezolano estaba grabando también con sus propias cámaras. Esta es una costumbre de muchos gobiernos; como referencia, para sus archivos y para asegurarse de que la edición que sale al aire es similar a la que se grabó originalmente, sin dejar fuera segmentos o frases importantes.

Lo mismo hicieron con nuestra entrevista. Y esa doble grabación se convirtió en algo de lo cual el ministro Rodríguez y el propio Maduro siempre se arrepentirían.

No podía escuchar lo que Maduro y Tom decían —había un grueso vidrio de por medio—, pero sí intenté leer el lenguaje corporal. Maduro lucía seguro, firme sobre su silla, hablando por largos periodos. Minutos, incluso. No estaba haciendo pausas. Eso, pensé, es una mala señal. Y me hice una anotación mental de no dejarlo hacer lo mismo.

Antes de terminar la entrevista con Tom, nos dijeron que levantáramos nuestras cámaras, luces y micrófonos para llevarnos al lugar de la entrevista. No sabíamos exactamente dónde sería. Salimos de la sala de prensa, cruzamos un estacionamiento vacío y subimos unas pequeñas escaleras hasta un gran portal del palacio, ante la mirada sigilosa y nunca amable de los encargados de la seguridad. Dije "Buenas tardes" y respondieron con un gruñido irreconocible, sin dejar de pasar su mirada por cada pliegue y bulto de nuestro equipo de grabación.

A la izquierda del portón estaba el salón de los embajadores (los diplomáticos suelen esperar en ese lugar la llegada del jefe en turno) y nos indicaron que ahí sería la entrevista. Lo agradecí. El lugar era más amplio y vistoso que el de ABC News e incluso que el de las entrevistas con la BBC y con Jordi Évole.

Hacía un clima magnífico. El sol del mediodía había dado paso a una tarde sin frío ni calor. Habían abierto las puertas del salón que dan al patio interior y ya tenían colocadas dos sillas para la entrevista, separadas por una pequeña mesa. Dos vasos con agua esperaban. Los camarógrafos estarían dentro del salón pero Maduro y yo conversaríamos sobre uno de los pasillos del patio. El tiro era espectacular.

Saqué mi celular y lo puse sobre la mesita. Pero uno de los encargados de seguridad del presidente, que seguía celosamente todos y cada uno de mis movimientos, me dijo que no podía grabar la entrevista en mi celular. Me pareció algo extraño. ¿Por qué no me permitían grabar el audio de la entrevista en mi celular si, de todas maneras, habría tres de nuestras cámaras haciendo lo mismo? Le hice caso. No hay nada más inútil que discutir con un guardaespaldas y lo que menos quería era crear un incidente que descarrilara la ya muy atrasada entrevista.

Ante el temor de que la entrevista fuera censurada, se perdiera o nos la robaran, a María y a Claudia se les ocurrió transmitirla en directo a Miami a través de un sistema digital conocido como LiveU. Así se grabaría en los estudios de Univision y ya no habría problema durante el traslado. Además, podríamos poner al aire, inmediatamente, las partes más importantes de la entrevista.

Probaron el sistema y funcionaba a la perfección. Nuestros compañeros en Miami nos veían y todo estaba bien; podrían grabar la plática simultáneamente. Pero faltando unos 10 minutos para la entrevista, el sistema de LiveU se desconectó y los celulares fueron bloqueados. Estábamos todos aislados, sin señal al exterior. No era, desde luego, una coincidencia.

Poco después vi entrar a lo lejos, por uno de los extremos del patio, a Nicolás Maduro, dando largos y lentos pasos. Saludaba como un matador en corrida de toros, con leves gestos y su mano en alto, a los pocos empleados y agentes con quienes se cruzaba por el pasillo. Su estatura lo ponía por arriba de casi todos y por su corpulencia daba la impresión de que caminaba en cámara lenta.

Maduro no venía solo. De hecho, había llevado su propia audiencia para la entrevista. Hugo Chávez hacía lo mismo. Era una decena de personas que había entrado caminando con él y entre quienes se encontraba la esposa de Maduro, Cilia Flores; la vicepresidenta, Delcy Rodríguez, hermana del ministro de comunicaciones; y Tareck El Aissami, ministro de Petróleos de Venezuela (PDVSA).

La escena era surrealista. Ese mismo grupo no hubiera podido caminar con la misma libertad y tranquilidad en otras partes del mundo:

a) Maduro estaba al frente de un gobierno que sería acusado de crímenes contra la humanidad en el brutal reporte de una misión independiente de Naciones Unidas (cuyos espeluznantes detalles veremos más adelante).[2]

b) Su esposa Cilia —de acuerdo con las declaraciones de su exguardaespaldas, Yazenky Lamas, detenido en Washington, a la agencia Reuters— "estaba al tanto del lío de tráfico de cocaína por el que dos sobrinos fueron condenados por un tribunal de Estados Unidos".[3] Acusaciones que el ministro de información de Venezuela calificó de "asqueantes, calumniosas e insultantes".

c) La vicepresidenta Delcy Rodríguez fue sancionada en el 2017 por la Unión Europea, junto con otros funcionarios chavistas, por "violaciones o abuso graves a los derechos humanos" y por menoscabar "la democracia y el Estado de derecho en Venezuela" cuando fue presidenta de la ilegítima Asamblea Nacional Constituyente, según reportó *El País* de España.[4] Cuando su avión hizo una parada en el aeropuerto de Madrid en enero del 2020, causó un conflicto internacional ya que España debió impedirle su ingreso.

d) El gobierno estadounidense giró orden de captura en el 2017 contra Tareck Zaidan El Aissami por supuestamente "jugar un rol significativo en el tráfico internacional de narcóticos". La ficha de búsqueda de ICE (la agencia migratoria de Estados Unidos)[5] indica que El Aissami fue vicepresidente ejecutivo de Venezuela y que anteriormente fungió como gobernador de Aragua y como ministro del interior y justicia. "Facilitó los cargamentos de narcóticos desde Venezuela [...] En sus puestos previos, supervisó o fue dueño parcial en varias ocasiones de cargamentos de drogas de más de mil kilogramos, cuyos destinos finales fueron México y Estados Unidos", denunció el gobierno de Estados Unidos. En su ficha se advierte que, si alguien tiene información sobre él, no trate de detenerlo. Hay una recompensa de 10 millones de dólares para quien dé información que lleve a su captura.

Este era el selecto grupito que me encontré, caminando plácidamente, en una tarde soleada en el Palacio de Miraflores. Nada parecía preocuparles. En Venezuela nadie los podía tocar. Las autoridades de Europa y Estados Unidos no podían ejercer ningún tipo de presión en territorio venezolano. Así que la única manera de retarlos era a base de preguntas a su jefe. Nada más.

Maduro vestía traje oscuro y una corbata roja sobre camisa azul claro. Me dio la impresión de que era una corbata distinta a la que había usado en la entrevista anterior con Tom Llamas. Otra señal de cuidado. Le había dedicado tiempo a la preparación.

Casi todo en una entrevista es teatro. Cada movimiento cuenta. Es, desde un principio, una batalla de gestos y señales. El lenguaje corporal es tan importante como el oral. Por eso, tan pronto me vio, me acerqué a saludarlo de mano. Nunca sería tan alto como él, pero no quería que él tomara la iniciativa. Ni con el saludo.

Tras darnos la mano, moví levemente la cabeza para reconocer a la comitiva que lo acompañaba, y no dijimos nada más. Se sentó, le pusieron su micrófono —yo ya tenía el mío— y sabía que mis camarógrafos estaban grabando todo.

Eran cerca de las seis de la tarde.

A sus 56 años (nació en Caracas el 23 de noviembre de 1962) tenía totalmente poblado el negro bigote y no vi ninguna señal de pérdida de pelo o de canas. Pero sus pequeños ojos estaban inquietos, como buscando algo. No podían detenerse en una sola cosa. Técnicos, agentes e invitados se paseaban detrás de las cámaras. No era fácil concentrarse.

En las entrevistas de televisión tienes que hacer un rápido análisis psicológico y de lenguaje corporal tan pronto ves al entrevistado. Son como unos rayos X periodísticos. Y no siempre son precisos. Pero estás obligado a leer cómo viene la persona que vas a entrevistar. ¿Está nervioso o cansado? ¿Hace bromas o se muestra distante? ¿Te mira a los ojos o evita tu mirada?

Es, sin duda, una situación poco común. No es como los medios escritos o digitales que tienen más tiempo para conocer al sujeto de su historia. O que pueden pasar juntos un día entero o un viaje. En la televisión apenas conoces a alguien y a los pocos minutos ya le estás haciendo las preguntas más difíciles y personales.

Además, en el caso de los líderes de un país, el entrevistado llega con una cierta aura de autoridad y espera un trato al menos respetuoso. Este tipo de entrevistas por televisión son más parecidas a lo que ocurre en un ring de boxeo o en una competencia de judo: apenas conoces personalmente a tu contrincante-entrevistado y ya te estás peleando con él.

Esto es lo que me pasó con Maduro. Nunca antes nos habíamos conocido personalmente. Yo sabía quién era él; había hecho mi tarea. Y suponía que alguien en su equipo de comunicación le había dicho quién era yo y para qué medio trabajaba. Pero más allá de esa básica preparación, los dos éramos unos perfectos desconocidos.

Esto es lo que vi de Maduro:

A pesar de su estatura (mide cerca de 1.90 m), el traje azulado parecía quedarle un poco grande. Las mangas del saco rebasaban las de la camisa y la parte de atrás se le trepaba al cuello y le rascaba el pelo con ciertos movimientos. Al sentarse, dejó caer su peso completo sobre la silla, que aguantó sin quejas ni rechinidos. Estaba ligeramente jorobado, como si el país le pesara. El saco, demasiado generoso con la tela, lo abrazaba por los dos lados hasta encontrarse en una corbata tan larga que casi tocaba el centro de la silla. Imposible tratar de cerrar un botón. Me pareció curioso que Maduro fuera tan alto como Donald Trump y tuviera una figura corporal tipo trompo muy parecida a la del entonces presidente estadounidense, que a ambos les gustara usar corbatas rojas demasiado largas y que a los dos no les cerrara el saco cuando se sentaban.

Maduro movía suavemente las manos y los brazos, pero su espalda nunca se despegó del respaldo. Tampoco cruzó las piernas. Alguien más ágil las habría cruzado y descruzado varias veces en los primero 10 minutos de conversación. Él no. Los tubos de los pantalones se le subieron ligeramente por las rodillas y los calcetines negros apenas cubrieron, hasta el mismo límite, la piel de las pantorrillas que peleaba por salir.

Y a pesar de todo, lo sentí a gusto. Estaba en su territorio. En su palacio. Y él era el inquilino.

"¿Cómo está Chiqui?" me preguntó sobre mi pareja —nacida en Maracaibo, empresaria y artista, autoexiliada y una de las venezolanas más conocidas del país—, tratando de propiciar una plática cordial (*small talk,* le dicen en inglés) antes de la entrevista. "Muy preocupada por Venezuela", le dije.

Por su reacción facial me di cuenta de que a Maduro no le había gustado mi respuesta. Nos volvimos a quedar callados. Tensos. Y me pareció lo apropiado. La entrevista estaba a punto de comenzar. Yo sabía que la primera pregunta iba a ser muy dura y no quería suavizar el ambiente.

Desde un principio tenía que atacar. No se me ocurría ninguna otra forma honesta de entrevistar a un dictador.

4

La primera pregunta

Cuando tengo que hacer una pregunta brutal, digo siempre: "Ahora le haré una pregunta brutal". [...] La mayoría de mis colegas no tienen el valor de hacer la pregunta justa.

Oriana Fallaci[1]

La primera pregunta es la que marca el tono de la entrevista. Determina por dónde piensas llevar la conversación y qué ritmo le quieres dar. Esto es fundamental. No se trata solo del contenido de lo que preguntas y cómo lo haces —preguntas abiertas o cerradas, cortas y puntuales o largas y en contexto, de actualidad o de principios—, sino del ambiente y la cadencia que creas para que el entrevistado conteste. Me explico. El entrevistado, por supuesto, puede contestar lo que quiera. Pero puedes dejarlo hablar por 20 o 30 segundos y luego interrumpirlo y pedirle una aclaración sobre algo que haya dicho, o dejarlo explayarse durante varios minutos hasta que acabe. Y hay mil opciones intermedias.

En el caso de Maduro no podía dejarlo hablar mucho desde el principio porque, si lo hacía, iba a perder el control de la entrevista y del tiempo que nos habían asignado. Tenía solo 30 minutos y quería que fuese una conversación fluida, con intercambios rápidos, no una serie de discursos y enseñanzas del dictador. La gente que tiene mucho poder, como Maduro, no está acostumbrada a que la interrumpan y suele hablar hasta que se cansa. Por eso, parte de la estrategia de la entrevista era sacarlo de su zona de confort y confrontarlo con datos, hechos y cifras. Desde el principio. Por eso era tan importante la primera pregunta.

En realidad, como entrevistador, mi principal preocupación era evitar una entrevista suave y complaciente con quien es responsable de fraudes y muertes. No sería buen periodismo y no me lo perdonaría nunca. Además, llevo toda mi carrera diciendo que los reporteros debemos cuestionar a los que tienen el poder, y sería una gigantesca incongruencia que, ante la oportunidad de entrevistar a un dictador, no me atreviera a hacerle preguntas difíciles.

Durante días estuve preparando mis preguntas y consultando con amigos periodistas y expertos venezolanos. Pedí a una organización de la oposición una lista de los prisioneros políticos, con nombre y apellido. Le quería entregar esa lista a Maduro cuando me dijera, como lo había dicho en otras entrevistas, que en Venezuela no había prisioneros de conciencia o por cuestiones políticas. La Coalición por los Derechos Humanos y la Democracia me envió una lista con los nombres de 402 presos políticos en Venezuela.[2]

Imprimí dos copias, una para mí y otra para Maduro.

Pero lo que me tenía obsesionado era la primera pregunta. De todo se aprende. No quería que fuera una pregunta muy larga —como la que le hice a Donald Trump en la conferencia de prensa en Iowa en el 2015, tras la cual me sacó un guardaespaldas— porque pierde impacto y es difícil de seguir. Y, de alguna manera, tenía que resumir la totalidad de la entrevista. La primera pregunta tenía que gritar "estamos aquí por esto".

Después de mucho pensarlo, escribí: "¿Por qué no se va? Muchos venezolanos creen que le quedan solo unos días en el poder. ¿Por qué causar tanto dolor por aferrarse a un poder que no le pertenece?" Era fuerte, tenía inmediatez, sugería que Maduro estaba en problemas y terminaba con una recriminación al dictador por atornillarse al poder.

Lo conversé largamente, por teléfono, con Daniel Coronell, poco después de nuestra llegada a Caracas. Si alguien sabe lo que es enfrentarse al poder es él, por su larga y fiera lucha contra el expresidente colombiano Álvaro Uribe. Pero nos faltaba el saludo. ¿Cómo me dirijo a él? Yo no quería, de ninguna manera, llamarle presidente a Maduro. Porque no lo era. Es un tirano.

¿Y qué tal si empezamos con eso mismo?, se nos ocurrió. Daniel y yo coincidimos. Y formulamos la pregunta: corta, al punto, donde sabíamos que le iba a doler. Así quedó: "Usted no es el presidente legítimo. Entonces ¿cómo le llamo? Para ellos usted es un dictador". La palabra "ellos" era importante; se refería no solo a la oposición, sino también a millones de venezolanos.

Cuando se trata de hablar con alguien que tiene mucho poder, no puedes ceder ni un poquito, porque de ahí se agarran y se echan a correr. El objetivo era marcar, desde el inicio, que yo iba a determinar el contenido, el tipo de preguntas y el ritmo para contestarlas.

Había estudiado durante horas las entrevistas que Maduro había dado recientemente. Cuando tenía entrevistados que lo presionaban poco, se alargaba en sus respuestas durante minutos mientras su interlocutor solo movía la cabeza y veía el tiempo pasar. En esos casos el entrevistador era solo una excusa para que el gobernante enviara su mensaje. Ese era, para mí, el escenario que quería evitar a toda costa.

Estudié particularmente las entrevistas que les había dado en febrero del 2019 al español Jordi Évole y a Orla Guerin de la BBC de Londres. Ambas conversaciones ocurrieron días después que Juan Guaidó se declarara presidente encargado de Venezuela. Difícilmente se habrían dado sin la creciente presión internacional contra Maduro y su deseo de presentarse como el presidente legítimo del país. Ese era, para mí, el tema central: la ilegitimidad de Maduro.

Jordi, aprovechando su gran talento para hacer sentir a gusto a sus entrevistados y confiar en él sus secretos, presionó fuerte a Maduro sobre la ilegal detención de periodistas españoles en Venezuela y le recordó sus promesas incumplidas. Jordi, alegremente, trató de poner a hablar a Maduro con Guaidó, pero este último no tomó la llamada. Sin embargo, Maduro sí le envió un mensaje: "Que lo piense bien con lo que está haciendo. Es un hombre joven que le quedan muchos años de lucha. Que no le haga más daño al país. Que abandone la estrategia golpista. Que deje de simular una presidencia a la cual nadie lo eligió. Y que, si quiere aportar algo que se siente en una mesa de conversación, cara a cara, y conversemos".

Por su parte, Orla Guerin de la BBC se concentró, con cifras y datos, en la terrible crisis económica y social que estaba viviendo Venezuela. Pero las traducciones del inglés al español y viceversa no ayudaron, le quitaron ritmo a la entrevista y le permitieron a Maduro mantener su narrativa. Las entrevistas en idiomas distintos con traducciones simultáneas son las más difíciles de conducir y las más frustrantes.

En ambos casos, cada vez que Maduro se encontraba en aprietos con estos dos entrevistadores totalmente independientes, trataba de desacreditar sus fuentes ("Son montajes y campañas de desprestigio", decía) o de evadir sus preguntas. Las entrevistas con Jordi y Orla me ayudaron muchísimo para entender cómo podía reaccionar Maduro y así cerrarle espacios en caso de que quisiera escaparse.

Sin duda, yo quería hacer una entrevista distinta, con más confrontación, y dura desde el principio. Más a mi estilo. Faltaba ver si Maduro aceptaba.

Hay entrevistados muy listos y experimentados que, desde el inicio de la conversación, sientan las bases y no hay manera de sacarlos de su ritmo y concentración. Recuerdo, por ejemplo, una entrevista muy difícil con Hugo Chávez en febrero del 2000, luego de unas terribles inundaciones en Venezuela donde murieron cientos de personas. Chávez puso dos sillas en una cancha de basquetbol en la población de Guarumito, estado Táchira. Nos rodearon decenas de sus simpatizantes que abuchearon mis preguntas y aplaudieron sus respuestas, y no cedió en ningún momento ante las críticas a su liderazgo. Al final de la tensa entrevista, Chávez —lleno de recursos y carisma personal— pidió dos cafés y brindamos por México y Venezuela.

Pero Maduro no era Chávez.

Lo que sí sabía es que no todos los días puedes entrevistar a un dictador como Nicolás Maduro de Venezuela. De hecho, cuestionar a alguien con tanto poder y acusado de tantos abusos ocurre muy pocas veces en la carrera de un periodista. Y no lo iba a desaprovechar.

Entrevistaría a Maduro una sola vez y no se repetiría. De eso estaba seguro.

## 5

Cómo romper la dictadura

A pesar de la apariencia de fuerza, todas las dictaduras tienen debilidades […], con el tiempo, tienden a hacer al régimen menos efectivo y más vulnerable a los cambios de condiciones y a la resistencia deliberada.

GENE SHARP[1]

En esos días las cosas cambiaban rápidamente en Venezuela. Luego de años de un férreo control por parte de la dictadura de Maduro, se abría una posibilidad real para sacarlo del poder.

A principios del 2019, Juan Guaidó, de 35 años de edad, se declaró presidente legítimo del país. "Hoy, 23 de enero de 2019, juro formalmente como presidente encargado de Venezuela", dijo Guaidó en las calles de Caracas. "Juremos todos juntos como hermanos que no descansaremos hasta lograr la libertad."[2]

La sorpresiva decisión del líder de la Asamblea Nacional tenía un audaz fundamento legal. Ya que las pasadas elecciones del 2018 habían estado marcadas por el fraude, entonces —al término del mandato de Maduro el 10 de enero del 2019— se declaraba la ausencia del presidente electo y, por lo tanto, le correspondía al presidente de la Asamblea Nacional tomar posesión como presidente encargado.

La gran ironía era que la misma constitución de la República Bolivariana de Venezuela que había sido creada para proteger a los chavistas y mantenerlos en el poder estaba siendo utilizada para sacarlos de la presidencia. El artículo 233 de la Constitución dice: "Cuando se produzca la falta absoluta del presidente electo antes de tomar posesión, se procederá a una nueva elección universal, directa y secreta dentro de los 30 días consecutivos siguientes. Mientras se elige y toma posesión el nuevo presidente, se encargará de la presidencia de la República el presidente o presidenta de la Asamblea Nacional".[3]

Pero había algo más. Otro artículo de la Constitución, el 350, instaba a los venezolanos a rebelarse contra cualquier "autoridad" que violara los principios democráticos. La Constitución, adoptada en 1999, tenía por objetivo cuidar al popular presidente Hugo Chávez de cualquier intentona golpista. Pero dos décadas después estaba siendo utilizada para empujar del poder al sucesor Nicolás Maduro, escogido por dedazo por el mismo Chávez.

El artículo 350 dice: "El pueblo de Venezuela, fiel a su tradición republicana, a su lucha por la independencia, la paz y la libertad, desconocerá cualquier régimen, legislación o autoridad que contraríe los valores, principios y garantías democráticos o menoscabe los derechos humanos".[4] En la práctica, el régimen de Maduro estaba siendo desconocido.

Estados Unidos, Brasil y Colombia inmediatamente reconocieron a Guaidó como presidente legítimo de Venezuela, al igual que el Parlamento Europeo y la mayoría de los países de América Latina (con la excepción de Cuba, Nicaragua, Bolivia y, desde una posición de neutralidad, México y Uruguay).[5] El apoyo del presidente Donald Trump y de más de 50 países en el mundo fue un magistral golpe diplomático de la oposición.[6] [7]

"La gente de Venezuela ha hablado con mucha valentía en contra de Maduro y su régimen, y han demandado libertad y Estado de derecho", dijo Trump en un comunicado. Y luego añadió una frase que le sugirió a muchos, por primera vez, una posible intervención militar. "Usaremos todo el peso de Estados Unidos y su poder económico y diplomático para restaurar la democracia en Venezuela".[8] Cuando un periodista le preguntó en la Casa Blanca cuál era su plan, Trump dijo que "todas las opciones estaban sobre la mesa".[9]

Poco después el secretario de Estado estadounidense, Mike Pompeo, publicó su propio comunicado diciendo: "Estados Unidos apoya al presidente interino Juan Guaidó [...] Le pedimos a los militares y a las fuerzas de seguridad proteger a los ciudadanos venezolanos al igual que a los ciudadanos de Estados Unidos y de otros países en Venezuela".[10]

En una llamada organizada por la Casa Blanca con periodistas el 5 de febrero del 2019, un funcionario a quien solo se podía identificar como un alto miembro del gobierno, estableció la estrategia de Estados Unidos hacia Venezuela. Dijo que "Estados Unidos había sido el primer país en reconocer" a Guaidó y que el objetivo era crear "la primera región totalmente democrática" en la historia de la humanidad. Añadió que Venezuela se había convertido en un "narco-Estado" y que el objetivo era ejercer "una política de máxima presión" para "terminar con esta dictadura y tener una transición hacia la democracia". Terminó diciendo que los "siguientes 30 días" serían muy importantes para dañar el régimen de Maduro.[11]

Esos primeros días del 2019 fueron muy convulsionados en Venezuela. Durante las protestas del 21 al 25 de enero murieron al menos 41 personas, todas con heridas de balas, y más de 900 personas fueron detenidas arbitrariamente, según un reporte de Amnistía Internacional. Y todo apuntaba a Maduro: "Fuerzas de seguridad venezolanas bajo el comando de Nicolás Maduro usaron fuerza excesiva contra la gente y detuvieron arbitrariamente a cientos, incluyendo a adolescentes, en una escalada de la política de represión para controlar a la gente de Venezuela".[12]

Por esos mismos días, Human Rights Watch también sacó un informe condenatorio: "Los servicios de inteligencia y las fuerzas de seguridad en Venezuela han detenido y torturado a militares acusados de conspirar contra el gobierno [...] Las autoridades también han detenido y torturado a familiares de algunos presuntos implicados para intentar averiguar dónde se encontraban". El informe hablaba de 32 personas afectadas por esta política de represión.

Los venezolanos se estaban yendo del país en grandes números, unos 5 mil por día en promedio, según un informe de la Organización Internacional para las Migraciones. A principios del 2019 se habían contabilizado 3.4 millones de venezolanos viviendo como inmigrantes o refugiados en otros países. La gran mayoría, 2.7 millones, se encontraba en América Latina y el Caribe.[13] Uno de cada 10 venezolanos ya se había ido de este país de 29 millones de personas.

Pero los que no podían irse se estaban rebelando. Maduro, como nunca antes, sintió pasos. Y eso explica su súbita apertura para dar entrevistas a la prensa internacional.

Muchos exiliados venezolanos, cansados de las protestas y de los esfuerzos fallidos de la oposición, creían que la única posibilidad de deshacerse de Maduro era a través de una operación militar estadounidense. Y las declaraciones de Trump y

Pompeo sembraban falsas esperanzas sobre esa opción militar. Sin embargo, Estados Unidos nunca preparó a sus militares para una intervención militar en Venezuela; solo consideró imponer nuevas sanciones comerciales al régimen, a sus principales representantes y sus familias. Esa fue la llamada política de "presión máxima".

Tras una larga historia de trágicas e inaceptables intervenciones militares de Estados Unidos en América Latina, el futuro de los venezolanos debería ser construido solo por venezolanos. Además, una intervención o una operación militar estadounidense podría tener un efecto contraproducente y crear en la región apoyo a la dictadura madurista.

Ante este panorama —el apoyo irrestricto de Estados Unidos y más de 50 naciones a Guaidó, la creativa estrategia política de la oposición usando la misma constitución para hacer a un lado a Maduro y las crecientes expectativas de millones de venezolanos de que el cambio ahora sí ya venía— el régimen chavista se puso a la defensiva. Esto obligó a Maduro y a sus colaboradores a hacer cosas que no habían hecho antes, como conceder entrevistas a medios internacionales que no iban a aceptar las prácticas de censura impuestas a la prensa nacional.

Después de años de solicitar una entrevista a Maduro y recibir siempre una negativa —o ni siquiera una respuesta—, por fin se abría la posibilidad de viajar a Caracas y hablar con él. La legitimidad de su presidencia era lo que estaba en juego y, como nunca, se vio forzado a defenderse.

## 6

Muertes, torturas y fraudes:
la ilegitimidad de Maduro

[El príncipe] que tiene a todo el pueblo por su enemi-
go, nunca puede estar seguro, y mientras mayor sea su
crueldad, más débil será su régimen.

NICOLÁS MAQUIAVELO[1]

La ilegitimidad de Maduro tenía varios orígenes. Pero se podía concentrar en dos grandes áreas: sus brutales violaciones a
los derechos humanos y los fraudes electorales que lo llevaron
dos veces a la presidencia.

Sobre las violaciones a los derechos humanos, solo en el
2019 se reportaron 5 mil 286 muertes por "resistencia a la
autoridad", según un reporte del Observatorio Venezolano
de la Violencia.[2] Pero es un eufemismo. En esta categoría
caen presos políticos, manifestantes y cualquiera que proteste
en contra de la dictadura de Maduro. En el 2018 se registra-
ron 7 mil 523 muertes en esa misma categoría.[3]

Son, literalmente, miles las personas que han sido asesinadas por oponerse al régimen de Maduro. Y cuando no las
matan, las torturan.

La organización Human Rights Watch había reportado
al menos 380 casos de violaciones a los derechos humanos
en Venezuela, incluyendo 31 casos de tortura del 2014 al

2019.[4] Asimismo, la organización no gubernamental Foro Penal había denunciado la existencia de 989 presos políticos en las cárceles venezolanas a principios del 2019. Su director, Gustavo Himiob, dijo a la agencia EFE que era "la cifra más alta" de presos de conciencia que se haya registrado en Venezuela.[5]

Un reporte de 443 páginas del Consejo de Derechos Humanos de las Naciones Unidas sobre Venezuela, publicado a finales del 2020, es un terrorífico manual de maldad y crueldad.[6] Aquí sus conclusiones:

La Misión constató que las autoridades estatales de alto nivel tenían y ejercían el poder con la supervisión de las fuerzas de seguridad y los organismos de inteligencia identificados en el informe como responsables de esas violaciones. El presidente Maduro y los ministros del Interior y de Defensa tenían conocimiento de los crímenes. Dieron órdenes, coordinaron actividades y suministraron recursos en apoyo de los planes y políticas en virtud de los cuales se cometieron los crímenes.

"La Misión encontró motivos razonables para creer que las autoridades y las fuerzas de seguridad venezolanas han planificado y ejecutado desde 2014 graves violaciones a los derechos humanos, algunas de las cuales —incluidas las ejecuciones arbitrarias y el uso sistemático de la tortura— constituyen crímenes de lesa humanidad", dijo Marta Valiñas, presidenta de la Misión.

"Lejos de ser actos aislados, estos crímenes se coordinaron y cometieron de conformidad con las políticas del Estado, con el conocimiento o el apoyo directo de los comandantes y los altos funcionarios del gobierno".[7]

El espeluznante informe detalla con nombre y apellido los asesinatos, violaciones, mutilaciones y represiones que han sufrido quienes se han opuesto a la dictadura venezolana. Y acusa directamente a Maduro de esas terribles violaciones a los derechos humanos.[8]

"Existen motivos razonables para creer que el presidente tenía conocimiento de violaciones y crímenes, en particular las detenciones arbitrarias y los actos de tortura o tratos crueles, inhumanos y degradantes, incluidos los actos de violencia sexual, documentados en este informe y realizados en el Sebin (Servicio Bolivariano de Inteligencia Nacional) desde 2014",[9] establece el informe realizado con documentos y entrevistas confidenciales, ya sea en persona o con "conexiones seguras telefónicas o de video".[10]

Hay más contra Maduro: "Dada su posición de autoridad y control efectivo [...] tenía conocimiento de las violaciones cometidas contra militares disidentes, en particular, actos de tortura".[11] Y sigue: "La Misión [de Naciones Unidas] tiene motivos razonables para creer que los mandos militares y los superiores políticos: *1)* sabían que se estaban produciendo asesinatos y detenciones durante las operaciones y *2)* sabían o aceptaban la alta probabilidad de que se produjeran estos actos fuera del marco de la ley".[12]

Aquí hay cinco terribles ejemplos de tortura y violación de los derechos humanos cometidos por el régimen de Maduro:

1) Un joven de 21 años declaró que fue sacado de un auto (que fue posteriormente quemado) y detenido por miembros de la Guardia Nacional Bolivariana (GNB) tras una protesta en Valencia, estado Carabobo, en el 2014. Reportó que "mientras estaba en el suelo en posición fetal, un funcionario se le acercó por detrás mientras sostenía un rifle. Usó la punta del rifle para bajar la ropa interior. Diciendo 'Mira ese culo' penetró el ano con la punta del rifle, causándole dolor extremo. Un examen médico forense realizado la semana siguiente evidenció laceraciones anales consistentes con la penetración".[13]

Mientras golpeaban a los detenidos, el joven denunció que "los funcionarios de la GNB decían a las y los manifestantes detenidos que las y los iban a matar, que morirían esa noche. Los funcionarios mantuvieron al grupo de detenidos allí durante unas dos horas golpeándolos intermitentemente". El detenido le indicó a la Misión de Naciones Unidas que "se sintió humillado, ya que había sido violado con el arma poco tiempo antes. Luego, fue obligado a ducharse delante de los funcionarios y a limpiar la sangre. Tenía moretones en las costillas y no podía mantenerse en pie fácilmente. Cuando usó el baño, sangró por el recto".

La Misión concluyó que "tiene motivos razonables para creer que se cometieron arresto y detención arbitraria, así como actos de tortura y tratos crueles, inhumanos o degradantes, incluyendo la violación sexual".

Y este joven no fue la única víctima.

2) El régimen de Maduro ha sido particularmente brutal contra las mujeres venezolanas. Agentes de los servicios de inteligencia (Sebin) y de la Dirección General de Contrainteligencia Militar (DGCIM) fueron acusados de forzar relaciones sexuales con las detenidas, sin ningún tipo de protección. "Mujeres bajo custodia también enfrentaron riesgos adicionales de explotación sexual y sexo transaccional coercitivo."[14] Y la Misión de Naciones Unidas confirmó la "violación sexual utilizando partes del cuerpo u objetos".[15]

Entre los actos de violencia sexual y de genero documentados por la Misión incluyeron:

- Violencia sexual utilizando partes del cuerpo u objetos […]
- Amenazas de violar a personas o hacer que otras personas las violen […]
- Amenazas de violación u otros tipos de violencia de género contra familiares mujeres de las víctimas […]
- Violencia sexual incluyendo el manoseo de senos, glúteos y genitales […]
- Desnudez forzada, incluso durante periodos prolongados […]
- Violencia dirigida a los genitales (masculinos y femeninos), los senos o el abdomen (en el caso de mujeres), incluidas las palizas o la aplicación de descargas eléctricas […]
- Requisas corporales invasivas e innecesarias (contra hombres y mujeres) de personas detenidas o visitantes […]

La violencia contras las mujeres fue ampliamente reportada en el informe. Basta repetir dos casos:

Funcionarios castigaron a mujeres por participar en manifestaciones o por comportarse de una forma contraria a las expectativas patriarcales de su género. Por ejemplo, durante la detención arbitraria de una niña de 13 años en Zulia en 2017, funcionarios de la Policía Nacional Bolivariana (PNB) le manosearon los pechos, la entrepierna y las nalgas, mientras la llamaban puta "por andar con tantos hombres" en la protesta de ese día. Un funcionario de la PNB apuntó con un arma a la cabeza de una mujer durante una protesta en Táchira en 2014 mientras que otro le dijo "Mata a esa perra". Funcionarios le echaron vinagre en la cara y la golpearon llamándola "perra" y "guarimbera hija de puta".

3) Un sargento detenido en el 2019 luego de la publicación de un video en que militares pedían "el apoyo del pueblo de Venezuela [y que] salgan a las calles"[16] sufrió una terrible tortura. Al llegar al centro de detención de Boleíta, oficiales de la Dirección General de Contrainteligencia Militar "lo desnudaron, le vendaron los ojos y lo aislaron en un cuarto oscuro. Le ataron los brazos al techo, con esposas y lo suspendieron durante dos días hasta que perdiera la sensibilidad en los brazos y las manos".

Le golpearon con un bate y le dieron patadas, incluso en los testículos. Lo asfixiaron con una bolsa, lo electrocutaron en diferentes partes blandas de su cuerpo incluyendo detrás de las orejas y en los testículos. Cuando se desmayó por la electrocución, le echaron agua en el cuerpo y lo electrocutaron de nuevo. Se defecó y los oficiales lo obligaron a comer sus propias heces fecales. Fue privado de agua y comida durante todo este tiempo y se le dijo que esposa e hijos también habían sido capturados y esperaban ser torturados.

[El sargento] también fue objeto de violencia sexual, incluido un intento de violación con un palo de pico. Según su esposa "la tortura fue tan insoportable que pedía que lo dejaran ir al baño con la esperanza de encontrar cloro para beber y suicidarse".[17]

Otros sargentos detenidos sufrieron actos similares, concluye el reporte.

4) Un testigo relató cómo un detenido fue víctima de una simulación de ejecución por parte de un agente de la Policía Nacional Bolivariana (PNB) tras los arrestos en Plaza Bolívar, Caracas, en mayo del 2014. "Cuando el joven detenido se había nuevamente dormido, el funcionario se acercó a él y le colocó el cañón de su arma sobre su frente, habiendo quitado el cargador de su arma sin que el detenido dormido lo viera. Cuando el detenido abrió los ojos, el funcionario apretó el gatillo y le dijo que podía volarle los sesos cuando quisiera."[18]

5) No se trata solo de violaciones a los derechos humanos, sino también de funcionarios que, sin actuar, se convierten en cómplices.

Un detenido, tras ser arrestado en el 2017 en Maracaibo, "dijo a la Misión que funcionarios [de la Guardia Nacional Bolivariana] le bajaron los pantalones y uno de ellos lo violó con una porra. Continuaron insultándolo y degradándolo, y dijeron cosas como 'mira cómo aprieta, mira cómo puja' y que debía gustarle lo que le estaban haciendo. Al menos diez funcionarios estaban presentes en la habitación cuando esto ocurrió. Después de la violación lo golpearon hasta dejarlo inconsciente".[19] Los testigos no hicieron nada para detener la tortura.

Además de las violaciones a los derechos humanos para reprimir a la oposición democrática, Maduro también había realizado dos grandes fraudes electorales para mantenerse en el poder. En las elecciones presidenciales del 2013 Maduro, supuestamente, le ganó a Henrique Capriles con el 50.61 por ciento del voto. Pero observadores internacionales del Instituto de Altos Estudios Europeos acusaron al régimen de delitos electorales y su presidente, Gustavo Palomares, le dijo al periódico *El Nuevo Herald* que "sin duda pudo haber habido una alteración importante en cuanto al resultado final".[20] Eso se llama fraude. También hay acusaciones de que colectivos armados intimidaron a electores en centros de votación. Capriles, sumándose a las protestas, jamás reconoció el triunfo de Maduro.

El fraude del 2013 evaporaba las esperanzas de la oposición de terminar con el régimen chavista tras la muerte del entonces presidente.

La historia se repitió, pero de una manera mucho más burda, en las elecciones presidenciales del 2018. Temiendo un posible triunfo de Capriles, entonces gobernador del estado de Miranda, el régimen de Maduro lo inhabilitó durante 15 años en el 2017.[21] Y el otro líder opositor que podría haberle ganado a Maduro, Leopoldo López, estaba arrestado desde el 2014, acusado de incitar el odio y la violencia, tras una serie de protestas masivas contra el régimen.

Esto prácticamente le deja el camino abierto a Maduro. Pero temeroso de perder más apoyo popular —en medio de una terrible situación financiera y la caída mundial en los precios del petróleo— adelanta ilegalmente las elecciones para mayo del 2018 y prohíbe la vigilancia de observadores internacionales, que tantos dolores de cabeza le dieron en las votaciones del 2013. Al final, el Consejo Nacional Electoral, cuyos miembros controlaba Maduro, organizaron el fraude y le dieron la victoria a su jefe con 67 por ciento del voto.[22]

El candidato presidencial opositor, Henri Falcón —fuertemente criticado por sectores de la oposición por hacerle el juego a Maduro— no reconoció los resultados y pidió nuevas elecciones. Pero nadie le hizo caso. Su participación le permitió a Maduro decir que la oposición había participado y perdido en la elección.

La empresa Smartmatic, que había participado con sus máquinas electrónicas de votación en 14 elecciones en Venezuela del 2004 al 2015, ya no estuvo en las votaciones del 2018.[23] Un año antes —durante las elecciones del 2017 para escoger a la Asamblea Nacional Constituyente— el director ejecutivo de la compañía, Antonio Mugica, denunció irregularidades y dijo que "la diferencia entre la cantidad anunciada y la que arroja el sistema es de al menos un millón de electores", según reportó la BBC.[24]

Como yo le diría más tarde a Maduro durante la entrevista, la elección del 2018 fue como organizar un partido de futbol, sin contendientes, sin árbitro e inventándose el marcador. Ganó con trampas.

Maduro, aun sin tener la avasalladora personalidad de Chávez, en medio de una creciente crisis económica y una galopante hiperinflación, seguía en el poder. Sus opositores, una vez más, lo habían subestimado.

¿Cómo llega Maduro al poder?

Maduro, en la época del todopoderoso Hugo Chávez, jugó el papel del incuestionable y leal servidor. Fue miembro y presidente de la Asamblea Nacional, canciller de su gobierno durante seis años y tres meses, y luego su vicepresidente.[25] Ahí, mientras corría el rumor de que el líder de la revolución bolivariana sufría de un cáncer terminal y le quedaba poco tiempo de vida, Maduro se posicionó como su sucesor, adelantándose sorpresivamente a Diosdado Cabello, un ingenioso y maquiavélico militar, muy cercano colaborador y confidente del comandante.

De hecho, Diosdado parecía ser el candidato natural para reemplazar a Chávez. Durante el golpe de Estado contra Chávez, el 11 de abril del 2002, él era su vicepresidente. Pero se esconde y logra evitar que lo detengan.

Cuando el golpe se revierte a los dos días, Diosdado toma el poder temporalmente, ordena el rescate de Chávez —quien había sido detenido en la isla de La Orchila— y a su regreso le traspasa de nuevo la autoridad presidencial. Ante una potencial ausencia de Chávez, esa complicidad y cercanía parecía garantizarle a Diosdado su futuro como líder de Venezuela.

En esos días del golpe contra Chávez, viajé a Venezuela, y recuerdo perfectamente una llamada telefónica que le hice a Diosdado para una transmisión por televisión. Él y Chávez ya se encontraban de nuevo en el Palacio de Miraflores. El país estaba convulsionado y lleno de rumores. Y luego de conversar con él por unos instantes me puso a Chávez en el teléfono. El comandante no me dijo gran cosa pero era una prueba de vida. Ahí, en uno de los momentos más difíciles de su presidencia, Chávez buscó y obtuvo el apoyo de Diosdado Cabello. El destino parecía marcado.

Pero muchas cosas pasaron entre el 2002 y el 2013.

Chávez se radicaliza tras el intento de golpe de Estado y deja atrás sus promesas de entregar el poder al finalizar su mandato, de no confiscar propiedades privadas y de permitir la libertad de prensa. Cayeron las máscaras democráticas. El socialismo del siglo XXI —y conseguir el control total del país— se convirtió en el nuevo objetivo chavista. Chávez y su partido, abusando de su autoridad y utilizando todos los recursos del Estado, ganaron casi todas las elecciones en que participaron. La oposición política quedó relegada ante un sistema diseñado, precisamente, para impedir su acceso al poder. Chávez se convierte en el indiscutible hombre fuerte de Venezuela.

Pero, de pronto, en el 2012 las cosas se complican para Chávez. Se ausenta frecuentemente. Se le ve decaído en sus presentaciones públicas, sin la energía habitual, y el gobierno se niega a explicar los motivos reales de sus constantes viajes a Cuba. Fuentes extraoficiales aseguran que sufre de un avanzado cáncer en el tórax. A pesar de las negativas gubernamentales, la enfermedad de Chávez es obvia y lo obliga a buscar un sucesor. El pragmatismo de Chávez se antepone. Nada como la inminencia de la muerte para poner a un lado la ideología.

¿Por qué Chávez escoge a Maduro? ¿Qué vio en él?

Chávez quería a un sucesor que cuidara y continuara su legado. Eso era lo fundamental. Y encontró en Maduro a la persona idónea. Diosdado, a pesar de su cercanía y lealtad a Chávez, hubiera creado un camino más personal y estridente. Sus diatribas y burdas críticas en su programa de televisión *Con el mazo dando*, transmitido desde el 2014 a nivel nacional, son un catálogo de sus odios y enemigos. Diosdado tenía una inquietante independencia y egotismo que no iba con lo que buscaba el comandante en el protector de su legado.

Chávez quería a un seguidor.

Y Maduro lo era. Iluso y convencido. Tenía la historia personal y los prejuicios ideológicos que encajaban con lo que buscaba Chávez. Desde su época de estudiante Maduro simpatizó con ideas de izquierda y, en la práctica, se consolidó como líder sindical del sector del transporte. Ya en el gobierno, su experiencia legislativa, sus redes de contactos como canciller (del 2006 al 2012) y su cercanía con los hermanos Castro pesaron en la decisión de Chávez.

El proyecto chavista nunca estuvo confinado a las fronteras de Venezuela, y Maduro, con el apoyo de la dictadura cubana, podía continuar con ese liderazgo regional. El petróleo venezolano, como regalo y forma de presión, fue usado generosamente por Chávez. Ahora le tocaría explotarlo a Maduro. La gran diferencia era que los precios del petróleo se estaban desplomando en todo el mundo y ya no afianzaban al gobierno de Maduro —ni propulsaban su política internacional— de la misma manera en que ocurrió con el comandante Chávez.

No es coincidencia que Chávez, públicamente, escogiera a Maduro como su sucesor antes de un viaje a Cuba, a finales del 2012, donde sería operado. En ese momento Chávez ya hablaba como un líder que tenía los días contados. "Mi opinión firme, plena como la luna llena, irrevocable, absoluta, total, es que en ese escenario —que obligaría a convocar, como manda la Constitución, de nuevo a elecciones presidenciales— ustedes elijan a Nicolás Maduro como presidente de la República Bolivariana de Venezuela", dijo en una transmisión hecha por Telesur.[26] "Yo se los pido desde mi corazón."

Hugo Chávez murió el 5 de marzo del 2013.

Después de esto empieza una controversia constitucional. Maduro, quien era vicepresidente, había asumido las funciones de presidente durante la enfermedad de Chávez y, tras su muerte, es confirmado como "presidente encargado" por el Tribunal Supremo de Justicia. Pero esa decisión chocaba con el artículo 233 de la Constitución, que establecía que, ante la ausencia del presidente, le correspondía al presidente de la Asamblea Nacional, Diosdado Cabello —y no al vice-presidente Maduro— el cargo de presidente encargado de la nación. Aunque fuera en contra de las leyes del país, nadie se atrevió a cuestionar la última voluntad de Chávez, designando a Maduro como su sucesor.

Lo que pocos se imaginaban es que Maduro también se convertiría en portavoz de Chávez desde el más allá. En una alucinante declaración, un mes después de la muerte del comandante, Maduro contaría por televisión que "sintió el espíritu" de Chávez en un pajarito que se metió a darle tres vueltas a su cabeza dentro de una capilla en el 2013.[27] Ambos, aseguró Maduro, se comunicaron a través de chiflidos.

Por cosas como estas, pocos creían que Maduro fuera a durar mucho tiempo en el poder. En esos días corría la fuerte creencia de que no podía haber chavismo sin Chávez. Pero tan pronto asume el poder, Maduro utiliza todos los recursos y trampas que le permite su posición para atornillarse en el Palacio de Miraflores.

Maduro es una persona que ha sido subestimada toda su vida y ha utilizado esa percepción a su favor frente todos sus contrincantes, desde Diosdado Cabello hasta el movimiento opositor en Venezuela. Cuando todos creen que va a perder, se reinventa y domina. Más por las malas que por las buenas.

El fraude de las elecciones del 2013 fue un duro golpe para la oposición en Venezuela que, erróneamente, creía que los días del chavismo estaban contados tras la muerte de su líder. El fraude del 2018 fue solo una corroboración de que Maduro y los chavistas no estaban dispuestos a dejar el poder por vías democráticas.

Dos décadas en el poder habían acabado con la economía venezolana y creado una nueva y corrupta generación de go-

bernantes, militares, empresarios, comunicadores y sus colaboradores con el único propósito de mantener lo que tenían.
Nadie avanzaba dentro del sistema sin demostrar su total lealtad, primero a Chávez, y luego a Maduro y a los rojillos de la
revolución bolivariana. La muy imperfecta democracia venezolana había quedado destruida con el férreo mandato unipersonal del caudillo Chávez. Pero tras su muerte, el sistema
de prebendas, corrupción y represión se mantuvo.

Siempre me ha llamado mucho la atención por qué tantos
chavistas se han negado a renunciar a sus puestos y beneficios
para promover la democracia en Venezuela. Y la respuesta es
muy sencilla: porque tienen mucho que perder. No solo por
sus cuentas bancarias y bienes personales, sino también por el
riesgo de perder la impunidad que les da el pertenecer al régimen. Sus crímenes y actos de corrupción no podrían pasar
desapercibidos en un sistema justo y democrático.

Por lo tanto, el mensaje a los subordinados de Chávez y
Maduro siempre ha sido claro: con nosotros estás protegido;
sin nosotros lo puedes perder todo.

Miedo. Esto es lo que ha mantenido el sistema cohesio-
nado, funcionando, y ha ayudado a repeler los ataques de la
oposición.

## 7

Los dictadores no hablan

Todos tienen derecho a su propia opinión,
pero no a sus propios hechos.

DANIEL PATRICK MOYNIHAN

"Maduro dice que se vengan a Caracas", me comentó, casi incrédula, la productora Claudia Rondón, quien tiene ese inusual talento de conseguir las entrevistas imposibles. Pocos saben, fuera del medio periodístico, que las entrevistas televisivas importantes no las solemos conseguir los entrevistadores, sino un selecto y persistente grupo de periodistas —*bookers,* les llaman en inglés— que consiguen los teléfonos y correos electrónicos de los que más tratan de esconderlos. Los *bookers* de verdad buenos pueden localizar en un día —y a veces en solo minutos— a cualquier persona en el mundo. Bueno, Claudia pertenece a ese selecto grupo.

No tienen vergüenza —o la esconden— para despertar a alguien, no les da pena molestar en vacaciones y, una vez que les contestan, ponen en práctica una letal combinación de diplomacia, humor e ingenio para convencer al entrevistado de que hable con nosotros.

Su lema es sencillo: no se pierde nada con preguntar.

"Los dictadores no hablan", me dijo Claudia en una conversación. "Mi misión diaria es levantarme cada día y seguir insistiendo; seguir insistiendo con los dictadores, seguir insistiendo con aquellas entrevistas especialmente difíciles. Los que tú crees que nunca te van a hablar, esos son con los que más hay que insistir."

Pero conseguir a Maduro era casi imposible.

"En los siete años que llevo pidiendo entrevistas para ti y para los presentadores de Univision —lo cual se traduce en miles de solicitudes— esta entrevista era una de mis prioridades. Un día estoy sentada en el *newsroom* y veo que Maduro empieza a dar entrevistas a varios medios internacionales... Le vuelvo a escribir al muchacho de prensa [del Palacio de Miraflores]: 'Hola, ¿tienes alguna novedad sobre nuestra solicitud?', y para mi sorpresa ese día me dijo: 'Sí, llámame'."

Al día siguiente ya me tenía una respuesta. El ministro Rodríguez le había dicho que sí tenían interés en una entrevista pero que debía consultarlo con Maduro. Veinticuatro horas después Claudia ya había logrado una confirmación. Le pidieron las preguntas por adelantado, pero les dijo que la política de Univision era nunca hacerlo. Aun así, aceptaron realizar la entrevista.

Las entrevistas son como una relación: para que funcionen, las dos partes tienen que quererla y las dos partes deben creer que les va a beneficiar. Maduro, claramente, necesitaba una entrevista a nivel internacional para que su punto de vista se diera a conocer. Y nosotros queríamos, hace años, entrevistar al dictador.

Hablé personalmente con el ministro Rodríguez para formalizar el encuentro y, poco después de colgar, ya estábamos reservando vuelos para ese fin de semana y resolviendo el problema de las visas. Hacía mucho tiempo que se había cerrado el consulado de Venezuela en Miami y era prácticamente imposible conseguir una visa de trabajo en Estados Unidos para ese país sudamericano. Pero en Venezuela todo se puede si estás bien enchufado.

Así me llegó una constancia que decía:

El Ministerio del Poder Popular para Relaciones Exteriores, por medio de la presente, hace constar que el ciudadano RAMOS JORGE GILBERTO de nacionalidad estadounidense puede viajar a la República Bolivariana de Venezuela en el mes de febrero del presente año, cuyo trámite de visado será culminado en esta oficina. En razón de la cual se agradece a las autoridades migratorias brindar las facilidades respectivas para su traslado e ingreso al territorio nacional.

Mi llegada a Venezuela fue, sin duda, mucho más amable que la salida.

Los hombres fuertes no hablan… hasta que quieren o tienen que hacerlo.

Los dictadores, los caudillos, los autoritarios, los que tienen más poder del que les asigna una constitución y los que acumulan puestos y fuerzas que no les corresponden suelen ser muy cuidadosos al hablar en público o dar entrevistas. La verdad es que no las necesitan. Si tienen algo que comunicar basta con utilizar los medios de comunicación al servicio del Estado —y todos los demás que tienen bajo su control— para enviar el mensaje, sin críticas y sin que nadie lo cuestione.

Pero, en el fondo, ellos saben que les falta algo: credibilidad. Y la única manera de que sus comunicaciones sean creíbles es si hablan a través de un medio independiente y con un periodista crítico o, al menos, neutral.

Hay ocasiones en que estos hombres fuertes *quieren* hablar, como cuando van a proponer cambios o desean promover algún proyecto, y otras en que *tienen* que hablar, generalmente cuando su poder es cuestionado. Y, sin duda, cada vez que lo hacen es noticia.

Aquí tengo algunos ejemplos y comparaciones.

"El mudo hace noticia cuando habla", me dijo el expresidente mexicano Carlos Salinas de Gortari cuando pasaba un exilio forzado en Irlanda y luego de dejar el poder en 1994. Viajé hasta Dublín para tratar de convencerlo de que me diera una entrevista. Había muchos temas pendientes, desde el fraude electoral que lo puso en la presidencia en 1988 hasta las acusaciones de corrupción contra su hermano Raúl y su airado conflicto con el entonces presidente Ernesto Zedillo. Pero no cedió. "Todavía no es tiempo."

Salinas de Gortari sabía manejar muy bien los tiempos políticos. Él era el principal representante del Partido Revolucionario Institucional (PRI), que mantuvo el control de la presidencia en México desde 1929 hasta el 2000. El escritor Mario Vargas Llosa denominó este periodo "la dictadura perfecta".

Durante toda la presidencia de Salinas de Gortari insistí, sin éxito, en una entrevista. Finalmente me la dio al final de su mandato, en agosto de 1994, cuando a él le convenía. Quería anunciar un nuevo proyecto que permitiría la entrada a refugiados cubanos con familiares en México y escogió a Univision —basada en el centro del exilio cubano en Miami— para darlo a conocer. Es decir, hablamos en sus términos. Aunque le hice muchas preguntas que no tenían nada que ver con el proyecto que quería anunciar, hablamos solo cuando él quiso.

Lo mismo ocurrió en ocasiones posteriores, ya como expresidente, cuando publicó dos de sus libros. "Ahora sí, vamos a platicar", me dijo, antes de sacar *México: Un paso difícil a la modernidad*, en octubre del 2000. Iba bien preparado. Sabía que lo iba a cuestionar duramente sobre los conflictos y controversias que habían surgido durante su presidencia.

"Listo", me dijo. "¿Cuál es mi cámara?"

Salinas sabía perfectamente que esa entrevista —y la siguiente en el 2008 cuando sacó su libro *La década perdida*— no iban a ser fáciles. Y no lo fueron. Pero Salinas, a quien muchos llamaban "el villano favorito", tenía que hacerlo. Él quería hablar. ¿Por qué? Quería recuperar su nombre y su prestigio, luego de años de gravísimas críticas y acusaciones. "Todo el mundo tiene derecho a su reputación", me dijo.

El mudo había hablado.

Fidel Castro tampoco quería hablar. Pero lo cazamos.

En 1991 se estaba realizando en Guadalajara, México, la Primera Cumbre Iberoamericana con la asistencia de casi todos los líderes del hemisferio y de España. Pero con el entusiasmo inicial, al gobierno mexicano se le olvidó cuidar a sus invitados de la prensa. Los pusieron a todos en las cabañas del jardín del hotel Camino Real y, en un error logístico, permitieron a los periodistas entrar al jardín del hotel con muy pocas limitaciones.

Además de un problema de seguridad, eso se convirtió en el paraíso terrenal de los reporteros. ¿Querías entrevistar a un presidente? Solo tenías que ir a su cabaña y esperar a que saliera. Y eso precisamente hice con el dictador cubano, Fidel Castro, uno de los protagonistas de la reunión y de la región.

Yo no tenía ningún tipo de ilusiones democráticas con Cuba. Desde que Fidel derrocó la dictadura de Fulgencio Batista en 1959 había convertido a la isla en una brutal tiranía. Durante el régimen de Fidel Castro, quien murió en el 2016, "miles de cubanos fueron encarcelados en prisiones en condiciones deplorables, otros miles fueron perseguidos e intimidados, y a generaciones enteras se les negaron libertades políticas básicas", concluyó la organización Human Rights Watch. "Cuba logró avances en salud y educación, pero muchos de estos logros se vieron contrarrestados por largos periodos de dificultades económicas y políticas represivas."[1]

Bueno, ese era el personaje que estaba en una de las cabañas del hotel en Guadalajara. Y no podía desaprovechar la oportunidad de tirarle algunas preguntas. Todos los intentos previos de conseguir una entrevista habían fracasado, ni siquiera habían sido contestados.

Pero Fidel, a finales del siglo pasado, era noticia. El muro de Berlín cayó, la Unión Soviética se había desmoronado, varios países se independizaron de Moscú, y la pregunta en América Latina era si Cuba sería la siguiente nación en caer.

Luego de entrevistar al presidente de Argentina, Carlos Menem, me fui a esperar pacientemente frente a la cabaña de Fidel. Por la cantidad de guardaespaldas que resguardaban el lugar, era claro que él estaba dentro. Al poco rato, se abrió la puerta de la cabaña y de ella salió el mismísimo Fidel, con traje verde olivo, caminando hacia la cabaña donde se hospedaba el presidente de República Dominicana, a quien quería saludar.

Lo rodeaban unos ocho guardaespaldas. Le pedí al camarógrafo que me siguiera y, sin pedir permiso, empecé a preguntar. "Comandante", le dije (jamás le hubiera llamado presidente), "hablamos con el presidente de Argentina [Carlos Menem] y él dijo que el marxismo es una pieza de museo".

Hábil, Fidel inmediatamente entendió por dónde venían mis preguntas, y el tema era demasiado importante como para dejarlo pasar. Se trataba del futuro de la isla. Quedarse en silencio habría mandado el mensaje equivocado. Varias cámaras grababan el momento. Así, sin quererlo, Fidel entendió que tenía que hablar.

Me vio a los ojos, pasó su brazo izquierdo por detrás de mi espalda hasta que su mano agarró, con sus largas uñas, mi hombro. Me alejé para zafarme de su truco. No quería ningún tipo de cercanía con él. Lo único que quería era que contestara un par de preguntas. El marxismo, me dijo, "es demasiado nuevo para ser pieza de museo, mientras que el capitalismo tiene 3 mil años".

Le pregunté sobre las consecuencias de la caída del muro de Berlín y evadió la pregunta al referirse, en cambio, al muro que divide a México de Estados Unidos. Fidel avanzaba a paso rápido, se me escapaba, y decidí soltar un comentario que —yo sabía— le iba a molestar. "Muchos creen que este es el momento para que usted pida un plebiscito", le dije. Darle al pueblo cubano la opción de escoger democráticamente a sus gobernantes terminaría con la tiranía de Fidel. Y eso nunca lo iba a permitir. "Respeto la opinión de esos señores", mintió Fidel, "pero realmente no tienen ningún derecho a reclamarle ningún plebiscito a Cuba".

Ese fue su límite. El intercambio solo duró un minuto y tres segundos. Uno de sus guardaespaldas, de esos que le leen la mente a su jefe, intuyó que había que sacarme de ahí. Con destreza judoca me empujó, caí en el pasto y Fidel siguió caminando, sin siquiera voltear. El gesto lo demostró todo: al dictador no le gustó que retaran su autoridad y, literal o figurativamente, me desapareció. Ya no existía para él.

El dictador había hablado y callado. Pero seguía todopoderoso.

Daniel Ortega no quería hablar, pero tenía que hacerlo. Era el 2006 y se estaba lanzando, una vez más, como candidato a la presidencia. Había perdido en las históricas elecciones de 1990 frente a Violeta Barrios de Chamorro, y, desde entonces, hizo varios intentos por recuperar el poder. Todos fallaron.

Tras el triunfo de la revolución sandinista contra la dictadura de Anastasio Somoza, Ortega fue el coordinador de la Junta de Gobierno de Reconstrucción Nacional (1981-1984) y luego ganó las elecciones presidenciales de 1984. Gobernó con mano dura e intransigencia ideológica. Su mandato apenas duró cinco años.

Pero durante la campaña electoral del 2006, Ortega quería demostrar que había cambiado y aprendido de sus derrotas. Esta era la quinta vez que buscaba la presidencia y quería dar una imagen de apertura y tolerancia.

Nicaragua no era la misma que había derrocado a la dinastía Somoza y no deseaba, de ninguna manera, tener a otro dictador. Ortega utilizó una canción de John Lennon —"Dale a la paz una oportunidad"— durante su campaña y, en un gesto poco común, dio algunas entrevistas a la prensa extranjera. Ortega quería proyectar una imagen de seriedad y democracia.

Aproveché la oportunidad y viajé a Managua para entrevistarlo. Planeé la conversación en torno a dos grandes temas: el personal y el político. Aunque el primero era un tema que él siempre había tratado de evitar, estaba obligado a preguntarle sobre las gravísimas acusaciones de su hijastra, Zoilamérica Narváez, hija de Rosario Murillo, la compañera de vida de Ortega.

"Afirmo que fui acosada y abusada sexualmente por Daniel Ortega Saavedra, desde la edad de 11 años, manteniéndose estas acciones por casi veinte años de mi vida. Afirmo que mantuve silencio durante todo este tiempo, producto de arraigados temores y confusiones derivadas de diversos tipos de agresiones que me tornaron muy vulnerable y dependiente de mi agresor", denunció Zoilamérica, en unas declaraciones que publicó el periódico *El País*.[2]

Ortega aguantó, sin interrumpirme, la detallada lectura de las acusaciones que le había hecho su hijastra ante la Comisión Interamericana de Derechos Humanos (CIDH). Y cuando yo terminé, me dijo: "Es un capítulo ya superado. Es totalmente falso. Falso… Está mintiendo. Claro que sí".

Ante la imposibilidad de obtener un juicio justo en Nicaragua, Zoilamérica retiró su demanda en 2008 frente a la CIDH.[3] Sin embargo, nunca exculpó a Ortega. "Para mí, él se quedó como el abusador y ella [Rosario Murillo] se quedó como la madre que fue su cómplice", le dijo Zoilamérica a la BBC en 2019.[4]

Más allá de los temas personales, existía la seria duda de si Ortega era un verdadero demócrata o solo un oportunista que estaba utilizando las elecciones del 2006 para regresar al poder. Durante su primer periodo de gobierno (1985-1990) fue muy intransigente y represivo con la oposición política, restringió la libertad de expresión y nunca ocultó su simpatía por la dictadura cubana.

Eso no había cambiado años después.

"Fidel para mí no es ningún dictador", me dijo. Y sus amistades y tendencias ideológicas no eran ningún secreto: "Yo me siento hermano de Gadafi, de Chávez, de Lula, de Evo".

Todas las señales de alarma estaban ahí. Las falsas formas democráticas de Ortega —las entrevistas con la prensa extranjera, la campaña electoral enfatizando el diálogo, los colores brillantes, la música en inglés, las promesas de cumplir la ley y no eternizarse en la presidencia— eran solo una careta. La estrategia de Ortega recordaba la tradicional obra teatral de *El Güegüense*, una de las primeras en América Latina, cuyo personaje principal engaña a todos y oculta sus verdaderas intenciones.

Ortega era el Güegüense. Y los nicaragüenses lo regresaron a la presidencia en el 2006 con solo el 38 por ciento de los votos.[5] Terminaban así 16 años de gobierno centroderechista. Y de democracia.

El aprendiz de dictador había hablado. El peligro para la frágil y joven democracia nicaragüense era inminente. Pero pocos estaban escuchando. Cuando se dieron cuenta, ya era demasiado tarde.

Hasta hoy Ortega no ha soltado el poder.

Hugo Chávez estaba dispuesto a hablar conmigo, pero en sus términos, en su territorio, con su teatro y a la hora que él dijera. Él dictaba todo. Menos las preguntas.

Yo había aterrizado en Caracas con la promesa de que Chávez me daría una entrevista. Durante semanas habíamos intercambiado faxes y llamadas, y todo estaba confirmado. O al menos eso creía. Pero como me diría más adelante uno de sus asesores, Chávez no era "un presidente de silla y escritorio".

No lo era. Había llegado democráticamente a la presidencia después de intentar un golpe militar en 1992 contra el gobierno de Carlos Andrés Pérez y ser perdonado, más tarde, por el mandatario Rafael Caldera.

En febrero del 2000 Venezuela acababa de sufrir las peores inundaciones de su historia moderna. Cientos de personas habían muerto en los estados de Miranda, Falcón y Vargas. Y ese fue el momento que Chávez escogió para hablar. Quería dar la cara y mostrar su liderazgo. Nada mejor para lograr su objetivo que hablar con una cadena de televisión a nivel internacional.

Pero yo, en cambio, quería preguntarle sobre sus promesas rotas y sobre la creciente preocupación nacional e internacional por la manera en que estaba acumulando todos los poderes en Venezuela. El 15 de diciembre de 1999 se había aprobado, a través de un plebiscito, una nueva constitución en el país. Eso le permitía a Chávez reelegirse y eternizarse en el poder.

Por casualidad me crucé con Chávez en el aeropuerto de Maiquetía y le recordé su compromiso de darme una entrevista. "Sígueme y después hablamos", me dijo. Lo que yo no me imaginaba es que seguirlo implicaría tomar dos avionetas —una de las cuales tuvo que realizar un aterrizaje de emergencia por un problema mecánico— y un helicóptero hasta la población de Guarumito, cerca de la frontera con Colombia.

Doce horas después de lo acordado, los asistentes de Chávez pusieron dos sillas de plástico blanco en el centro de una cancha pública de basquetbol, al aire libre, y nos rodearon con docenas de "dignificados" (ese era el término utilizado por los funcionarios públicos para los damnificados de las inundaciones que estaban recibiendo ayuda del gobierno).

Chávez, con boina roja, botas negras y traje militar verde, me veía fijamente a los ojos. Toda su atención estaba puesta sobre mí. Una cosa característica de presidentes y líderes mundiales que siempre me ha llamado la atención es esa capacidad de estar en el presente y bloquear, por un momento, todo lo que los rodea. Chávez la tenía.

Empecé cuestionándolo por sus polémicas decisiones luego de las recientes inundaciones en Venezuela. Miles de vidas estaban en juego y la ayuda a los damnificados no estaba llegando con la rapidez y efectividad necesaria. Pero había algo más grave. ¿Dónde había estado Chávez cuando el país más lo necesitaba? Durante horas nadie supo de él. Como era de esperarse, no le gustó la pregunta.

"Yo te respondo con mi dignidad", me dijo, "y por la dignidad de un pueblo. Tú por tu boca estás repitiendo basura".

"Yo le estoy preguntando", le respondí, "mi labor es preguntar".

Tampoco le gustó eso. Y entonces él me lanzó una pregunta: "¿Estoy obligado yo a responder solo lo que tú quieres preguntar?"

No, estrictamente no. Chávez y cualquier entrevistado pueden contestar lo que ellos quieran. Pero en una entrevista con un periodista independiente, el entrevistado no escoge las preguntas ni los temas a tratar. Jamás he dado mis preguntas por adelantado.

La conversación se había estancado. Pero Chávez quería seguir hablando. Pidió al aire un guayoyo (un café muy clarito, más agua que café). Llegaron dos. Me ofreció uno y dijo:

"Viva México". Y yo le respondí, con la tasa al aire: "Viva Venezuela".

Chávez, en ese momento, con la nueva constitución de su lado, estaba dando un claro giro a la izquierda. Se destapaba. En un reciente viaje a La Habana, había hecho esta declaración: "El cauce que está construyendo el pueblo de Venezuela es el mismo cauce, y va hacia el mismo mar, hacia el que marcha el pueblo cubano".

Le comenté que me parecía extraño su comentario ya que, en nuestra primera entrevista en diciembre de 1998 —un día antes de ser elegido presidente— le había llamado "dictadura" al régimen de Fidel Castro.

Ya no se atrevió a repetirlo dos años más tarde. "Habría que contextualizar lo que dije", se justificó. "Yo no soy quién para condenar al régimen cubano, ni al régimen estadounidense."

Ese ya no era el mismo Chávez que me había dicho, también, que estaría dispuesto a entregar el poder después de sus cinco años de gobierno. "Yo no soy un dictador", me dijo. "Si, por ejemplo, yo a los dos años resulta que soy un fiasco, un fracaso, o cometo un delito o un hecho de corrupción o algo que justifique mi salida del poder, yo estoy dispuesto a hacerlo."

Esa fue una gran mentira. Chávez se quedó en el poder hasta su muerte en el 2013.

Chávez, igual que Fidel Castro y Daniel Ortega, hablaba y otorgaba entrevistas solo cuando a él le convenía. Entrevistado y entrevistador suelen hacer una transacción en la que, supuestamente, las dos partes ganan algo. El entrevistador se lleva una noticia y, a veces, hasta una exclusiva; el entrevistado logra enviar su mensaje a millones de personas. Pero eso no siempre es así.

Cuando alguien con mucho poder te da la oportunidad de entrevistarlo, hay que hacerle todas las preguntas que no quiere contestar.

Y eso, precisamente, es lo que hice con Maduro.

A veces los dictadores sí hablan.

Chávez y Maduro no tienen nada que ver con el libertador Simón Bolívar. Ni tampoco fueron los primeros en tratar de apropiarse de su imagen y manipularla para conseguir sus objetivos políticos.

La historiadora Marie Arana recuerda en su extraordinaria biografía *Bolívar* cómo el general José Antonio Páez exhumó los restos de Bolívar en 1842, casi 12 años después de su muerte, de la Catedral de Santa Marta en Colombia para ser enviados al puerto venezolano de La Guaira. En una alucinante decisión, destinada a tranquilizar a los colombianos, Páez permitió que el corazón de Bolívar se quedara en Santa Marta mientras que los restos del cadáver fueron recibidos en Venezuela, con grandes honores, por militares, funcionarios gubernamentales y religiosos.

El traslado del cuerpo del libertador no pacificó a una tensa y caótica Venezuela, como esperaba Páez. Pero Marie Arana concluye que "así comenzó la glorificación de un héroe después de su muerte y el nacimiento del culto a Bolívar".[6]

Esa corrompida costumbre de utilizar a Bolívar con propósitos muy alejados de sus ideales originales se extendió hasta principios de este siglo. Hugo Chávez intentó presentar a Bolívar como inspirador y precursor de su revolución socialista. Lo mismo hizo Maduro. Pero ninguno de los dos tiene la dimensión histórica del hombre que lideró el movimiento independentista en los territorios sudamericanos contra el imperio español y que soñó con una América unida. "Yo deseo más que otro alguno ver formar en América la más grande nación del mundo, menos por su extensión y riquezas que por su libertad y gloria", escribió Bolívar en su Carta de Jamaica en 1815.[7]

En 1999, tras la publicación de la nueva constitución, el país cambió de nombre para convertirse en la República Bolivariana de Venezuela. Pero el cambio de nombre no trajo progreso ni democracia. Al contrario. Venezuela era uno de los países más ricos del continente gracias a sus inmensas reservas de petróleo. Hoy, en cambio, millones de sus pobladores viven en absoluta pobreza y el país tiene uno de los niveles de inflación más altos del mundo.

Si en algo han imitado Chávez y Maduro a Bolívar es en sus tentaciones autoritarias. Dos ejemplos: en 1814 Bolívar ordena la ejecución de cientos de prisioneros españoles en La Guaira en el periodo conocido como la "Guerra a Muerte" y en 1824 fue declarado (con su consentimiento) dictador de Perú. Había en él una tendencia a concentrar el poder. Ese autoritarismo unipersonal —que ha rebasado todas las fronteras y burlado nuestras constituciones— es uno de los grandes males políticos que hemos sufrido en nuestro hemisferio. Hasta hoy lo arrastramos.

La futura Venezuela era, sin duda, uno de los lugares más hermosos del mundo. Y así se lo hizo saber Cristóbal Colón en una de sus cartas a los reyes españoles. En su tercer viaje al nuevo continente en 1498 —donde Colón llega a la actual costa norte de Venezuela— le parece, por su belleza y temperatura, estar cerca del "paraíso".[8]

Al final, en nombre de Bolívar, Chávez y Maduro han destruido a Venezuela. Y esto me recuerda otro de los pasajes del libertador en su Carta de Jamaica y que parece una premonición, 200 años antes: "En cuanto a la heroica y desdichada Venezuela, sus acontecimientos han sido tan rápidos, y sus devastaciones tales, que casi la han reducido a una absoluta indigencia y a una soledad espantosa; no obstante que era uno de los más bellos países de cuantos hacían el orgullo de la América. Sus tiranos hoy gobiernan un desierto; y solo oprimen a tristes restos que, escapados de la muerte, alimentan una precaria existencia".

8

Cómo recuperamos lo robado

Cuando despertó, el dinosaurio todavía estaba ahí.
AUGUSTO MONTERROSO

No hay nada más frustrante que hacer una entrevista que nadie pueda ver. Pero eso, precisamente, me ocurrió con la entrevista a Nicolás Maduro.

Yo tenía apuntadas mis preguntas, Claudia había tomado notas muy precisas de todas las respuestas de Maduro, aún teníamos el video de los tres jóvenes comiendo de un camión de basura en Caracas... pero no teníamos la entrevista. Al final de cuentas, todo parecía indicar que Maduro se había salido con la suya.

Daniel Coronell había publicado en marzo del 2019 una columna llamada "El cuaderno de Claudia" en que recuperaba algunos momentos de mi conversación con Maduro:

Fernán Martínez definió la situación con una frase rotunda: "El reportaje que Jorge Ramos no pudo publicar es el que más se ha publicado" [...] La no publicación lo ha golpeado mucho más que las preguntas que Jorge Ramos, legítimamente, le formuló en la entrevista censurada.

La integrante más joven del equipo periodístico, sometido a estas arbitrariedades en Caracas, se llama Claudia Rondón. Es una mujer de una determinación indoblegable que no es fácil de imaginar detrás de su figura menuda y su voz dulce.

Tiene 29 años y es madre de una bebé de dos años y medio. Entró a Estados Unidos en 2011, atravesando a pie la frontera por Laredo, Texas, después de haber dejado Cuba como lo han tenido que hacer tantos compatriotas suyos.

Claudia consiguió la entrevista […]

El lunes pasado, cuando Nicolás Maduro llegó al patio del Palacio de Miraflores, lugar escogido para la entrevista, Claudia tenía en su mano un cuaderno de 80 hojas, de pasta amarilla y lomo de espiral. De esos que se pueden comprar por algo más de dos dólares en cualquier tienda de Miami.

Cuando las cámaras se encendieron. Claudia activó el cronómetro y empezó a hacer el *log*, como se le dice en televisión al listado secuencial de una grabación.

En el minuto 0:00 de la entrevista escribió con su letra pegada: "¿Cómo lo llamo?" Corresponde esta nota a la primera pregunta de Jorge Ramos y al inicio de la tirante entrevista: "¿Cómo lo llamo: presidente o dictador?"

La tensión que arrancó en ese minuto fue creciendo, sin tregua, durante el tiempo que duró el encuentro. En el minuto 2:55, de acuerdo con las notas de Claudia, Maduro le dijo a Ramos: "Tú eres opositor de derecha".

En 4:15, el tono seguía subiendo: "Tú eres militante de la oposición", "No eres periodista", "Eres de extrema derecha", "Eres extranjero".

Jorge Ramos, que le ha preguntado con igual rigor a poderosos de derecha y de izquierda, tuvo que oír una afirmación que retrata lo que piensa Maduro de la libertad de prensa. En el minuto 10, siempre siguiendo el cuaderno de Claudia, afirmó: "Si fueras venezolano, enfrentarías la justicia", "Son sucias tus acusaciones", "Tu entrevista ha tomado el camino de la suciedad".

Claudia, disciplinada y discreta como buena productora, tomaba notas y trataba de pasar desapercibida mientras la temperatura seguía subiendo en el patio de Miraflores. Nicolás Maduro había llegado acompañado por un grupo de invitados, de alto nivel, algunos de los cuales se levantaban nerviosamente para hacerle señas al gobernante por detrás de las cámaras.

Jorge Ramos le preguntó por los presos políticos en Venezuela, que llegan casi a mil según las denuncias de Foro Penal. A ese punto, Maduro había perdido irremediablemente la compostura. La nota de Claudia registra que en el minuto 12 segundo 53 exclamó: "Jorge, llévate tu basurita", "Te vas a tragar tu basura con una Coca-Cola".

Los guardaespaldas celebraron las frases del gobernante. En el minuto 15 segundo 4 de la agitada entrevista, un iracundo Nicolás Maduro increpa a Ramos: "Provocador profesional", "A mí no me vas a sacar de casillas".

Segundos después, Maduro niega la existencia de una crisis humanitaria en Venezuela y dice que el hambre de sus compatriotas solo existe en la propaganda de sus adversarios. En ese momento Jorge le muestra un video grabado por él mismo en Caracas. La imagen registra a unos jóvenes alimentándose con desperdicios de un camión de basura mientras culpan al gobierno de su miseria.

Los apuntes de Claudia indican que en el minuto 17:00, Jorge afirma ante las imágenes que Maduro trata de tapar en el iPad: "La revolución ha fracasado terriblemente".

En ese momento, Nicolás Maduro se levanta y empieza a suceder todo lo que ha pasado solamente para impedir que el mundo conozca esos 17 minutos de grabación.

Daniel y Claudia habían hecho un magnífico y cuidadoso trabajo reconstruyendo mi entrevista con Maduro. Pero no era la entrevista completa y la dictadura, perfectamente, podía decir que eso no era lo que había ocurrido. No teníamos cómo probarlo.

Claramente dentro del mismo equipo de Maduro y de su gobierno había gente que no coincidía con él ni con sus métodos y que estaba dispuesta a traicionarlo. El grave error de la dictadura fue tener al menos dos versiones de la misma entrevista, no solo la grabada por nosotros, sino también la que ellos habían grabado como protección.

Sí, era posible que en un principio —y tras el berrinche de Maduro— hubieran destruido todo nuestro material. Pero el del gobierno tenía que guardarse en algún archivo como referencia. Después de todo, ese era el propósito de su grabación: que si alguien dentro del régimen necesitaba ver la entrevista por alguna razón de Estado o por simple curiosidad, que estuviera disponible. Al grabar su propia copia de la entrevista, la dictadura se infligió a sí misma el peor golpe mediático.

Pero el problema para ellos era que Maduro, el ministro Rodríguez y los militares encargados de su seguridad no son ingenieros cibernéticos ni expertos en el manejo de material digital. Alguien tenía que ayudarles a archivar, ver o borrar esa entrevista. Solo un pequeño grupo de funcionarios con autoridad podía darles a los técnicos la orden de qué hacer. La realidad es que muchas manos y muchos ojos estaban involucrados en el complicado proceso de borrar permanentemente o esconder en un lugar seguro una entrevista con Maduro.

Lo que yo no sabía es que Daniel Coronell y María Martínez ya estaban trabajando en un plan para recuperar la entrevista. No conozco a dos personas más trabajadoras y decididas cuando se trata de conseguir un material periodístico. Maduro y el ministro Jorge Rodríguez se metieron con los periodistas equivocados.

Tengo la suerte de que mi oficina está junto a la de Daniel en Newsport, el edificio en Miami donde hacemos el Noticiero Univision. Llevamos una larga relación de amistad, verdadero afecto y mutua admiración. Compartimos esa convicción de que el periodismo debe ser contrapoder y, quien nos conoce, sabrá que los dos utilizamos frecuentemente esa palabra.

Yo le digo "doctor" y él me dice "licenciado", siguiendo las viejas y risibles costumbres de Colombia y México. Y nos cruzamos varias veces al día entrando y saliendo de nuestros pequeños espacios de trabajo, saludándonos con una sonrisa o un leve movimiento de cabeza. Esas oficinas no son del todo privadas. Unos grandes vidrios permiten que todos nos vean desde la sala de redacción y viceversa. Es, después de todo, un lugar para colaborar, intercambiar ideas, no para aislarse. Las paredes tampoco permiten un silencio absoluto. Así que, de vez en cuando, escucho las palabras amables que Daniel invariablemente tiene para los que van a buscarlo a su puerta. No sé cómo lo hace, pero siempre tiene tiempo y paciencia para todos. Nunca lo he escuchado alzando la voz. Respeta y se ha ganado el respeto de todos los que trabajamos con él.

Pero ese trato suave y cortes, casi diplomático, esconde a uno de los periodistas más incisivos, inteligentes y persisten-

85

tes que he conocido. Como presidente de noticias de Univision, empuja a sus corresponsales y productores para conseguir lo que nadie más tiene. Se emociona cada vez que conseguimos una exclusiva o que encontramos un ángulo distinto a una noticia trillada, y es un competidor feroz; nadie se atreve a verlo a los ojos si los de la otra esquina nos ganaron una noticia. Revisa religiosamente los *ratings* y sabe detectar sutilezas matemáticas y tendencias en un mar de números. Estudia —mucho— y, si no sabe algo, inmediatamente se mete a buscarlo en su inseparable celular (no me extrañaría que durmiera con él).

Su larga lucha periodística con el expresidente colombiano Álvaro Uribe es solo uno de sus muchos frentes abiertos. Los viernes, cuando lo veo concentrado escribiendo su columna del domingo, me gusta preguntarle: "¿Quién va a morir?" Muchas de sus columnas —primero con la revista *Semana* y ahora en el sitio www.losdanieles.com— han culminado con el despido o la renuncia de funcionarios corruptos. Para él si no es investigativo, no es periodismo.

Bueno, a ese mismo Daniel Coronell es a quien se le metió en la cabeza la peregrina idea de encontrar y, en algún punto, poner al aire la entrevista original que nos habían robado los secuaces de Maduro.

Y lo logró.

No hay nada que motive más a un periodista que le digan que no puede publicar algo.

Así me lo contaron Daniel (DC) y María (MM) a poco más de un año de haber recuperado la entrevista.[1]

DC: Hubo tres intentos previos de regresarnos la entrevista y las cámaras, y los tres parecían engañosos. Uno de ellos, con toda seguridad, era una trampa puesta por personas cercanas a la inteligencia venezolana... El primer intento de recuperación del material fue hacia finales de marzo del 2019; el segundo, a mediados de abril; y el tercero, una semana después. Y ya nos habíamos olvidado de eso porque todo parecía un intento desesperado por engañarnos o por hacernos caer en una trampa.

"Tienes que recordar, Jorge, que recién pasó el episodio de la detención en Miraflores, el embajador de Venezuela ante la Organización de las Naciones Unidas afirmó que los equipos y el material ya nos habían sido devueltos. Era una cosa totalmente mentirosa. Además dijo —palabras más, palabras menos—: 'Nosotros no estamos en el negocio de robar equipos de los periodistas'.[2]

"En ese momento, yo me comuniqué con el ministro de Comunicaciones de Venezuela, Jorge Rodríguez. Y mientras estaba teniendo una conversación con él por teléfono, tú pusiste un tuit diciendo que desde luego que eran unos ladrones... Tuvimos otra llamada telefónica, pero ya nunca volvimos a hablar de la posibilidad de recuperar los equipos.

"Lo último que pasó fue que un colega en Miami, conectado con Venezuela, nos dice nuevamente que lo están buscando y que le parece que es creíble... Le digo: 'Yo no estoy dispuesto a hacerlo si no hay una prueba'. Me dice: 'Me parece razonable'. Pasaron tal vez cuatro o cinco días y me mandan por WhatsApp la prueba, el 17 de mayo del 2019.

MM: Yo no podía creerlo... Yo estaba en *shock*.

DC: Una cosa buenísima que pasó fue que María, desde el primer momento... Mira su ojo de productora... Dijo: "Esa no es nuestra cámara".

MM: Acuérdate de que yo estaba al lado de uno de los camarógrafos, así que yo sabía. Hasta que me mudaron para el otro cuarto [antes de la entrevista]. Yo sabía, por el encuadre, que no era nuestra cámara.

DC: Entonces ya teníamos una primera pista: que no era el mismo material de las cámaras de Univisión, sino el material paralelo de las cámaras del gobierno. Eso abría una gama de posibilidades grandísimas de cómo pudiera haber llegado ese material… Fueron 36 segundos (del video de prueba). Era el comienzo de la entrevista.

"Recuerdo perfecto cuando nos sentamos los cuatro, Patsy Loris [entonces vicepresidenta de noticias de Univisión], tú, María y yo, y la vimos en mi oficina. Me acuerdo de tu expresión. Te levantaste de la silla y dijiste: "¡No jodas!" Fue a mediados de mayo del 2019.

JR: ¿Quiénes creen ustedes que tenían la entrevista dentro del gobierno?

DC: Nunca supimos.

MM: No sabemos hasta este día.

JR: ¿O sea que no sabemos si fueron los militares o un ingeniero?

DC: Sabemos que un coronel de la guardia de honor terminó preso. Si está involucrado o no, no lo sabemos.

MM: Un coronel que estuvo con nosotros el día de la detención.

DC: Entonces nosotros empezamos a ver cómo se podía rescatar este material. Y no había ninguna forma sino que alguien delegado por nosotros entrara a Venezuela, tomara el material y lo sacara del país. Y para eso teníamos pocos días.

JR: ¿Por qué?

DC: Porque los tipos pensaban que ya estaban a punto de descubrirnos.

JR: Cuando dices "los tipos" estamos hablando de que no fue una persona.

MM: Varios.

DC: Varios. Nosotros tenemos la certeza de que en contacto con gente nuestra estuvieron por lo menos tres distintos.

JR: ¿Tres distintos que tenían acceso o que habían visto la entrevista?

DC: No sé si la habrían visto. La entrevista fue copiada en una memoria USB.

JR: ¿Eso te sugiere que lo copiaron de una computadora?

DC: Sí. De hecho, el material tiene desincronismos digitales. Según los ingenieros de sistemas, se dan cuando se recupera un material borrado… Entonces probablemente era de un computador en donde habían borrado ese material.

JR: Y que se había quedado en la memoria.

MM: Exacto.

JR: ¿Cómo sale ese material de Venezuela?

DC: Había un puente en Estados Unidos [*Memorial Day*]… Yo me fui ese viernes a las 9:30 de la noche para Bogotá, por una cuestión personal. Pero estaba previsto que la persona que recuperaría ese material saliera de Caracas, hiciera escala en un tercer país, llegara a Bogotá y me lo entregara para que yo me devolviera a Miami con ese material en la mano.

JR: ¿En un *flash drive*?

DC: Exacto. No nos íbamos a arriesgar a transmitirlo por satélite ni por internet ni nada. Nos parecía que lo único confiable era tenerlo en la mano. El día de la operación era el martes 28 de mayo.

Todo debía pasar entre las 7:00 y las 8:30 de la mañana, hora de Miami. Estaba calculado y repasado con las dos partes de la operación: una, los que tenían el material, y la otra, los que lo sacarían de Venezuela. Decidimos que fueran dos operaciones separadas por precaución.

Esto coincidió con una situación sumamente delicada dentro de Venezuela, porque había protestas, bloqueos y aeropuertos cerrados. Entonces, una persona que tenía que moverse de una ciudad a otra para llegar a recuperar este material perdió su avión y tuvo que manejar toda la noche en lugar de volar. Razón por la cual se atrasó una hora y media la hora de la cita.

DC: Yo estaba en Bogotá y tenía a las 9:00 de la mañana una audiencia en la Corte Suprema de Justicia de Colombia, debido a un proceso que tengo contra el expresidente Álvaro Uribe. Iba a estar por lo menos una hora en *blackout*. Mi angustia era que todo quedara arreglado antes de las 8:30 de la mañana.

"Entonces, de afán, llamo al hotel donde debían estar encontrándose todos para la cita. Y en ese momento me contesta alguien. '¿Con quién hablo?' Me dice: 'Con el inspector XXX'. Y entonces pienso: 'Esto es una trampa, los van a atrapar'. Y entonces no hay más remedio que avisarle a María para que les avise que no lleguen [a recibir el material], que tengan cuidado. Cuando yo salgo de la audiencia, ya María tenía resuelto que realmente el inspector era parte de uno de los equipos. Sí, el inspector XXX era un expolicía que les estaba ayudando y los estaba cuidando.

Los dos equipos, sin verse ni conocerse, se registran en un hotel de Caracas. Y hay un tercer cuarto para el técnico que tiene que grabar la entrevista de una computadora portátil a un *flash drive*. Ese técnico es el único intermediario entre los dos equipos: los que entregan el material y los que se lo llevan. El técnico graba la entrevista completa; tiene instrucciones de no irse hasta ver todos y cada un de los 17 minutos. Y luego le pone un nombre al *flash drive*: "Estreno Netflix".

La persona que debía sacar la memoria digital de Venezuela va tarde para su vuelo. Su auto queda bloqueado en el tránsito y, entonces, para una motocicleta que iba pasando y le ofrece un billete de 100 dólares para llegar a Maiquetía. Llega al aeropuerto, se registra, sube al avión y, de pronto, dicen su nombre por el altavoz y lo bajan del vuelo.

MM: Eran las 7:00 de la noche. Yo estaba en un estado de pánico porque me escribió: "Me bajaron". Y yo dije: "Ya me lo arrestaron".

DC: Mientras tanto, están pasando cosas importantes en mi vida. Había terminado la audiencia con Uribe y a las 4:00 de la tarde me llamaron para despedirme de la revista *Semana*, donde había escrito una columna durante 15 años... Pero mi preocupación no era que me hubieran despedido de *Semana*, sino que había recibido un mensaje de María en donde me decía: "Al tipo lo bajaron del avión y puede ser que lo hayan detenido".

En realidad, lo que había pasado es que, por llegar tarde al aeropuerto, la aerolínea había revendido el boleto de la persona que traía la entrevista. Por eso lo bajaron del avión. María, con la sabiduría de una agente de viajes que ha volado por todo el mundo, le consiguió otro vuelo un poco más tarde. Esta persona tendría que viajar de Caracas a un tercer país y, desde ahí, tomar otro vuelo a Bogotá donde se encontraría con Daniel Coronell en el aeropuerto.

DC: Yo salía de Bogotá a las 12:00 de la noche y estaba previsto que él llegara a las 10:45. Pasaron las 10:45, las 11:00, las 11:10. Yo tenía que tomar mi vuelo y él no llegaba... Cuando ya estaba subiéndome al avión, recibí una comunicación de un periodista que estaba conmigo y me dijo: "Acaba de llegar".

La persona procedente de Caracas, vía un tercer país, le entrega el *flash drive* al periodista amigo de Daniel y este, a su vez, se lo da a una empleada de American Airlines que corre a la puerta de salida para entregárselo. Lo recibe Daniel mientras, al mismo tiempo, conversa con su esposa María Cristina por teléfono. Ella estaba en Miami y quería saber qué había ocurrido en este día tan importante en sus vidas. Daniel, de prisa, pone el archivo digital en un bolsillo de su saco. Pero al sentarse se da cuenta de que hay siete memorias distintas —¡siete!— en su bolsillo y, en pánico, cree que el *flash drive* de la entrevista con Maduro se le había caído al entrar al avión. Ninguno de los siete *flash drives* dice "Entrevista con Maduro", "Ramos" o "Univision". Y nadie tenía una copia.

DC: "¡Se me haya caído!" Y le digo a la azafata: "Tengo que salir". "No, usted ya pasó el chequeo, usted no". "Déjeme, yo salgo". Y esta pobre mujer gateando por el acceso al avión buscando si estaba la memoria. Y yo miraba los archivos en mi laptop y no salía nada. Cuando pongo una que dice: "Estreno Netflix"... Y entonces le digo a la asistente de vuelo: "Perdóneme". Todo el mundo mirándome horrible porque estaba retrasando el vuelo. "Perdóneme, ya lo encontré". Me tengo que esperar 15 minutos eternos, hasta que despegue el avión, y empiezo a verlo. Lo vi completo, de principio a fin.

JR: ¿Ustedes creen que dentro del grupo de Maduro, del gobierno, esto fue visto como una traición?

MM: Claro.

DC: Sí, es una traición. Sí, con toda seguridad, porque además el material incluía claquetas de la sede presidencial. Decía "Palacio de Miraflores", todo.

JR: Yo recuerdo que llega el ministro Jorge Rodríguez y dice: "Esta no es la entrevista que autorizamos". ¿Él manda borrar la entrevista?

MM: Él manda a borrar esa entrevista. Es más, acuérdate de que nos confiscaron todo.

JR: Ellos la habían grabado con tres cámaras, ¿no?

MM: Ajá, ellos tenían una cámara al lado de nuestras cámaras. Nosotros teníamos tres y ellos tenían tres.

JR: Tu conclusión de todo esto es…

MM: Mi conclusión es que ganó la libertad de prensa, Jorge. Que de alguna manera u otra no pudieron esconder esa gran entrevista.

JR: Algo que me has comentado otras veces es que tú notaste a muchos cubanos en el entorno de Maduro.

MM: Totalmente. Hasta a un afrocubano que estaba ahí —porque le escuché su acento— le dije: "¿Tú eres cubano?" Y me dijo: "No". "No, tú eres ruso", le respondí, y se echó a reír… Pero cuando se dieron cuenta de que yo era cubana y que Claudia era cubana enseguida trataron de no hablar.

JR: ¿Tú conclusión de todo esto, Daniel?

DC: La conclusión es que vale la pena defender el derecho que tienen los ciudadanos a conocer lo que los poderosos quieren ocultar. Y que este era un reto profesional, como pocos que he tenido en la vida, para que se conociera una pieza que mostraba la realidad que quería esconder el régimen de Venezuela.

MM: Para que haya libertad de prensa, para que el mundo vea esa entrevista, tengo que decirte: si lo tuviera que hacer de nuevo, lo volvía a hacer exactamente igual.

JR: Sí fue un riesgo para todos.

DC: Un buen amigo puso un trino que me pareció un maravilloso resumen de todo esto: la entrevista censurada resulto ser la más vista del mundo… Se volvió mucho más importante que si realmente nos la hubieran dejado publicar sin problemas al comienzo.

JR: Lo que yo siempre te agradezco, María, es que cuando me retienen y me meten en el cuartito, en el Palacio de Miraflores, no me dejas ir solo. Gracias a eso nunca estuve solo.

La primera parte de la entrevista salió al aire en el noticiero de Univision el mismo día que Daniel la lleva a Miami, el martes 28 de mayo del 2019. Ese video, rápidamente, se hizo viral con millones de vistas. Las redes sociales se llenaron de comentarios, no todos buenos. Estos son algunos de Twitter y Facebook:

"Señor Jorge, soy un venezolano que tuvo que salir de Venezuela por la situación que hay, pero debo agradecerle por su coraje y valentía al poder enfrentar a Maduro."

"Pocos se comen esos cuentos… Esa entrevista nunca desapareció, solo creaste un embrollo mediático."

"Gracias en nombre de todos los venezolanos, por no rendirte en la defensa de exponer la verdad sobre lo que nos ocurre."

"Para finalizar somos los hijos de Guaicaipuro, Miranda, Bolívar, Chávez, por nuestras venas corre sangre guerrera… #TragateTuBasura."

"Maduro debe estar todo sucio en este momento intentando adivinar quién les devolvió el material. Una cosa es cierta, jamás tendrá confianza en sus hombres y será cada vez más dependiente de los rusos y cubanos."

"Más allá de su trabajo, me parece exagerado su dramatismo, victimización, seguido de un heroísmo ante el mal del mundo."

"Excelente trabajo. El genocida de Maduro expuesto estará rabioso junto con sus chulos, vendepatrias y mercenarios que asesinan inocentes para perpetuarse en el poder."

"Yo no soy periodista pero la verdad tu entrevista me dejó mucho que desear, por eso se te salió de control y tu entrevistado mejor tomó la decisión de retirarse."

"Y al final no contestó la pregunta de tortura y dice que no es dictador."

"No es posible que haya gente defendiendo a alguien que ha asesinado a tanta gente."

## 9

La entrevista censurada

> Periodismo es publicar lo que alguien no quiere que publiques. Todo lo demás es relaciones públicas.
>
> GEORGE ORWELL

Esta es la transcripción completa de la entrevista que tuve el lunes 25 de febrero del 2019 con Nicolás Maduro (NM) en el Palacio de Miraflores en Caracas, Venezuela. Los números reflejan el tiempo transcurrido de la entrevista.

00:00:00:00

JR: Usted sabe: usted no es el presidente legítimo. Entonces, ¿cómo le llamo? Para ellos usted es un dictador.

NM: ¿Tú reconoces qué es esto?

JR: Claro, por supuesto.

00:00:09:03

NM: La Constitución. Me tienes que llamar como dice la Constitución. Yo me llamo Nicolás. Un solo nombre tengo: Nicolás Maduro Moros. Soy un obrero, un hombre sencillo. Soy popular. He sido electo y reelecto presidente. Así que, bueno, ya te corresponde a ti cómo me quieras llamar. Pero, te estoy recibiendo en el Palacio Presidencial de Miraflores...

JR: Usted sabe...

NM: ... donde legítimamente llegué por el voto popular. Nosotros, todo lo que hemos obtenido, Jorge, todo ha sido por el voto popular. Somos una fuerza, somos de verdad. Quizás en la televisora en la que tú trabajas nos presenten como una minoría acorralada, pero somos una fuerza de verdad, en la profundidad del pueblo venezolano.

00:00:49:00

JR: Pero 52 países no lo consideran a usted el presidente legítimo.

NM: Me estás hablando del país primero, cómo me vas a llamar. Ahora...

JR: La oposición tampoco lo considera presidente legitimo. Lo considera un usurpador. Juan Guaidó, el presidente interino, lo llama a usted un usurpador.

NM: Déjame decirte que ellos tienen un problema de identidad grave. Porque ellos solo reconocen, electoralmente, los resultados cuando hay victoria a favor de ellos. De 25 elecciones que se han hecho en el país, 23 las hemos ganado nosotros con voto, a pulso, trabajando, con fuerza popular, y por lo general ellos intentan desconocer. En abril del 2013, cuando el comandante Chávez partió de esta vida, yo quedé como presidente encargado; era vicepresidente de la Republica.

JR: Él [Chávez] lo escoge a usted por dedazo. Por dedo.

NM: Claro.

JR: No hay una elección en su partido. [Chávez] lo escogió a usted.

NM: Él da una orden, como comandante que es, y la fuerzas políticas hacen su congreso. Todas las fuerzas políticas, más de 14 partidos del gran pueblo patriótico, ratifican la decisión del comandante. Yo voy a las elecciones [presidenciales], 14 de abril del año 2013, cuando él se va. Y esas elecciones se realizaron con observación internacional, con participación de todos. Recuerdo que en mi toma de posesión asistieron todos lo presidentes de Unasur, como una manera de reconocimiento.

JR: La oposición dice que fue un fraude, la [elección] del 2013. [El candidato opositor] Henrique Capriles no reconoció esa elección. La impugnó.

NM: Nunca aportó un elemento, un papel, de alguna irregularidad en una mesa electoral. Al contrario…

JR: Fueron muchas —perdón—, fueron muchas las irregularidades. Hubo intimidación en las mesas de votación.

NM: Lo que pasa es que tú traes una posición tomada, Jorge. Tienes que ser un poco más equilibrado, porque tenemos que hacer una entrevista con equilibrio; tiene que ser un diálogo.

JR: Yo le voy a dar la información que yo tengo.

NM: Permíteme hablar.

JR: Y usted me puede dar toda la información…

NM: No. No es la información. Es la posición que tú tienes. Tú tienes una posición contra la revolución bolivariana. Yo la respeto. Tú eres un opositor de derecha que vive en Estados Unidos.

JR: No. Yo solo soy un periodista que hace preguntas.

NM: Muy antirrevolucionario. No eres solo periodista, Jorge. Ojalá fuera así. Por eso te digo: trata de ser un poco más equilibrado. No asumas como posiciones ya firmes, juradas, las mentiras de la oposición venezolana. En Venezuela ha habido una historia que todo el mundo conoce. Ellos desconocieron las elecciones del 2013.

JR: Exacto.

NM: Y han desconocido todas las elecciones, salvo la que ganaron en 2015. En 2015, en diciembre, se hicieron las elecciones al parlamento y las ganó ampliamente la oposición. Nosotros reconocimos de manera inmediata: con el mismo sistema electoral, con la misma institución electoral, con los mismos observadores nacionales e internacionales. Sencillamente la oposición no tiene un proyecto democrático para el país. La oposición solo quiere barrer la revolución.

JR: En el 2018 [los opositores] tampoco reconocieron esa elección. Fue una elección en la que ellos aseguran que usted adelantó las elecciones de forma ilegítima, que inhabilita a candidatos que le podían ganar a usted —Henrique Capriles o Leopoldo López—, no permite la observación internacional y el Consejo Nacional Electoral, que usted controla, cuenta los votos. Es como hacer un partido de futbol sin contrincante, sin árbitro, y luego usted pone el marcador.

00:03:57:14

NM: Vuelves a caer en el error de no ser periodista, sino ser militante de la oposición.

JR: Son los datos.

NM: Te contesto. No: son tus datos. No son los datos. Te contesto porque, está bien, acepto tu rol de militante de la oposición venezolana. No hay ningún problema.

JR: Mi rol es de periodista.

NM: No es de periodista, Jorge, tú lo sabes. Ahora, te contesto en el rol que tú asumes de militante de la oposición venezolana, la extrema derecha, para el publico que tú sirves.

JR: Tiene que escuchar el otro punto de vista también.

NM. Yo lo escucho siempre. Pero tú no estás como periodista aquí. Yo te asumo como militante de la oposición y estamos en un debate. Claro, tú eres extranjero.

JR: Yo soy un periodista...

NM: Tú eres extranjero. He aceptado tu entrevista porque sabía que iba a ser así. Para responder a mucha gente, venezolanos que viven en Estados Unidos y que se niegan a escucharnos. Para que vean la realidad. Nosotros somos de verdad...

JR: Son dudas legítimas de quién es usted y del puesto que usted, supuestamente, se merece. Ellos creen que no se lo merece.

00:04:56:23

NM: Bueno, está bien. Ellos viven en los Estados Unidos. Lamentablemente se ha levantado una ola, dentro de este grupo de venezolanos que viven en los Estados Unidos —sobre todo los sectores politizados— de llamar a una invasión de Venezuela. Yo quiero decirlo: que esa es una equivocación, que ese es un inmenso error.

"Venezuela tiene que resolver nuestros asuntos como venezolanos, en paz, en diálogo. Tenemos que buscar los caminos para atender los problemas económicos, sociales, políticos, nacionales, que tenemos los venezolanos. No es una invasión, no es un tutelaje, no es la intervención de un gobierno nefasto como el de Donald Trump.

"¿De cuándo acá, pregunto, Jorge, a Donald Trump se le inspiró un amor especial por América Latina? ¿Cuándo acá se le abrió el corazón para amar a los venezolanos y querer darnos ayuda humanitaria, querer arreglar este país? Todo es una farsa.

JR: No tiene esto que ver con los Estados Unidos. Tiene que ver con millones de venezolanos, señor Maduro, que no lo reconocen a usted como presidente legítimo. Primero, por lo que ellos consideran un fraude en mayo del 2018. Y después, por los asesinatos que a usted le están achacando.

00:06:00:25

NM: Bueno, sigues con tu rol de dirigente político opositor.

JR. No.

NM: Está bien, te contesto. A los venezolanos que viven en Venezuela…

JR: O sea, pierde su legitimidad por fraude y por los asesinatos.

NM: Bueno, es muy grave que tú me acuses a mí de asesinato.

JR: Es que no, no soy yo. ¿Usted se acuerda de "El Pollo", Hugo Carvajal? Fue su jefe de inteligencia.

NM: No. Yo lo boté apenas llegué al gobierno. Lo boté por su mala…

JR: Bueno, aquí hay una fotografía suya con él.

NM: … por su mala conducta.

JR: Bueno, no parece, porque está abrazado en esta fotografía con él.

NM: En el momento que lo secuestraron en Aruba, hice todo para que lo soltaran, porque era ilegal su secuestro. Mira, aquí hay muchos temas, si me permites responder a uno.

JR: Hablemos de los muertos que le están achacando. Él [Carvajal] dice lo siguiente, le dice a usted: "Has asesinado a cientos de jóvenes en las calles por reclamar los derechos que les robaste, eso sin contar con los fallecidos por la falta de medicina y seguridad". [Lo dice] Hugo Carvajal.

NM: Hugo Carvajal, acusado...

JR: Los presidentes no matan a su gente.

NM: Entonces de un día para otro Hugo Carvajal —acusado por ustedes de ser un torturador, de ser narcotraficante, perseguido por la justicia estadounidense— tiene la credibilidad para acusar a este presidente obrero de esas barbaridades que él dice. Sencillamente en Venezuela hay un Estado de derecho. Nadie puede acusar de manera indebida a nadie. Y nadie puede pretender acusarme a mí de delitos que jamás he cometido. Sencillamente...

JR: Hay cientos de muertos.

NM: Yo soy un hombre, mira, yo soy un hombre apegado a valores espirituales.

00:07:29:23

JR: Usted dice que es cristiano.

NM: Profundo. Practicante de diario. Cristiano de oración.

JR: ¿Y los muertos? ¿Cómo explica los muertos del 2014, del 2017, del 2019?

NM: Están los juicios. En el juicio del 2014 Leopoldo López está señalado de propiciador de la violencia y responsable indirecto de los muertos.

JR: Pero él no es responsable de todos los muertos, de los cientos de muertos.

NM: De todos los muertos, dices tú. Estás aceptando que es responsable de una parte de los muertos.

103

JR: Yo no estoy aceptando eso.

NM: Tú quieres llevar el debate a algo absolutamente controvertible, a un punto en donde trates de imponerme a mí un ritmo de entrevista que es totalmente negativa, es totalmente negativa...

00:08:07:22

JR: Yo le estoy haciendo las preguntas sobre los muertos en su país. Muchos dicen que por eso usted no es legítimo. Si usted no fuera responsable de esas muertes... ¿quién controla la policía nacional?, ¿quién controla la Guardia Nacional?

NM: Mira, aquí hay un juicio debido. Hay una Comisión por la Verdad y la Justicia que ha funcionado, está funcionando, que ha tomado el control directo de toda la investigación. En los juicios de la Comisión de la Verdad y Justicia se ha establecido caso por caso del intento de golpe de Estado del año 2014. Caso por caso del intento de golpe de Estado de 120 días de justicia callejera, donde contrataron bandas de delincuentes, de malandros, para atentar contra la propiedad pública. Cosas que en los Estados Unidos jamás aceptarían, la llamada guarimba.

JR: ¿Y los asesinatos?

NM: Esa Comisión de Justicia y Paz ha establecido, caso por caso, las responsabilidades. Buena parte de las responsabilidades, te puedo decir, están achacadas en factores de oposición en Venezuela.

JR: La mayor parte de los muertos es por su culpa, señor Maduro.

NM: Bueno, pero es tu posición política parcializada, contrarrevolucionaria, que tienes.

00:09:13:10

JR: Omar Lander, 17 años, asesinado por bombas lacrimógenas. Paola Andreína, estudiante, asesinada con un disparo en la cabeza. Byron David Principal, asesinado por la Guardia Nacional.

NM: Es muy fácil despachar justicia, Jorge Ramos. Es tu justicia. ¿Eres fiscal? ¿Eres parte?

JR: No, soy un periodista que hace preguntas.

NM: No eres periodista.

JR: Y cuando uno ve estos muertos… Lo acusan a usted de ser responsable de estos muertos.

NM: No juegas juego limpio como periodista, tú traes…

JR: Contésteme lo que quiera, entonces.

NM: Si me dejas. Tú traes afirmaciones, acusaciones. Si fueras venezolano tendrías que enfrentarte con la justicia, porque tú estás haciendo afirmaciones falsas de casos que están juzgados.

JR: Le estoy dando datos de gente que fue asesinada por gente ligada a su gobierno.

00:09:57:19

NM: Tú estás haciendo… Mira, no tiene ningún sentido hacer una entrevista para una confrontación estéril. Yo creía que tú venías a preguntar de situaciones en pleno desarrollo en Venezuela, no que venías a ser parte, parte como militante opositor que eres, hacerte parte de acusaciones muy sucias.

JR: Quiero llegar a eso.

NM: Son sucias tus acusaciones, son sucias, muy sucias tus acusaciones.

JR: Quiero llegar a eso. En su país...

NM: Es muy sucia tu entrevista. Ha tomado el camino de la suciedad. Y no quieres tomar el camino del equilibrio, del respeto, no estás en una posición de respeto.

00:10:28:11

JR: Son acusaciones muy concretas, como la presencia de presos políticos en su país.

NM: En Venezuela las personas que están juzgadas es porque han cometido delitos. El primero de todos es Leopoldo López, que lo juzgó la fiscal.

JR: ¿No es un prisionero político Leopoldo López?

NM: Bueno, ¿quién lo juzgó? Una opositora rabiosa que hoy vive al amparo del gobierno de Colombia. La fiscal [Luisa] Ortega Díaz lo acusó. Se dio todo el debido proceso, las apelaciones en todas las instancias, y quedó firmemente juzgado por delitos graves contra la cosa publica que ningún país del mundo aceptaría.

00:11:03:18

JR: Otros dirían que usted se encargó de ponerlo en una cárcel para que no pudiera quitarle el poder legítimamente.

NM: Él nunca ha tenido ningún tipo de liderazgo que pudiera amenazar el poder político en Venezuela. En todo caso, una persona que sale... ¿Tú crees que un líder político tiene licencia abierta —licencia de corso que llaman— para... por ser líder político de la oposición y apoyado por el gobierno de Estados Unidos, para quemar, matar, llamar al derrocamiento de un gobierno? No.

11:35:01

JR: Él es un prisionero político, para muchos. Aquí en su país hay 989 presos políticos según Foro Penal. Novecientos ochenta y nueve.

NM: Falso. Falso. Primero que Foro Penal es una organización mantenida por fondos de la USAID. Es una organización... Te estoy diciendo quién es Foro Penal, porque tú traes algunos datos en unos papelitos que les sacaste fotocopia. Foro Penal es una organización totalmente desprestigiada, dirigida por una persona que fue delincuente.

12:01:21

JR: ¿Cuántos presos políticos hay? ¿Cuantos presos políticos hay aquí, señor Maduro?

NM: Hay políticos enjuiciados, un pequeño número. Había gente detenida por actos de violencia. Fíjate: en Venezuela se quemaron 29 personas vivas, 29 personas vivas en los actos de violencia que tú amparas como militante de la oposición, en el periodo del año 2017. Veintinueve personas fueron asesinadas por el color de piel, porque les parecía que eran chavistas, porque les parecía que eran pobres.

JR: Pero la pregunta es ¿cuántos prisioneros políticos hay aquí?

NM: En Venezuela no hay prisioneros por su pensamiento político.

JR: Claro que hay. Yo traigo aquí una lista de más de 400 presos políticos, ¿la quiere?

[En ese momento le ofrezco la lista con los nombres de los presos políticos.]

NM: Tus listas, tú y tus posiciones.

JR: No, no. Hay más de 400 presos políticos.

NM: Mira, la Comisión por la Verdad... No, no dejes nada que no me lo voy a llevar. Ten la seguridad. Tú te llevas tu basurita, compadre.

JR: Esto no es basura. Son prisioneros políticos.

NM: Agarra tu basurita, Jorge Ramos. Agarra tu basurita, compadre.

JR: Estos son prisioneros políticos, señor Maduro.

NM: Mira, vienes a provocarme. Te vas a tragar tu provocación.

JR: Esta es la realidad.

NM: Te vas a tragar con una Coca-Cola tu provocación.

JR: Son todos los nombres de prisioneros políticos.

NM: En Venezuela hay un régimen de derecho. Hemos sido víctimas de ataques violentos en varios periodos: en el año 2013, en el año 2014, en el año 2017. En el año 2018 yo mismo fui víctima de un atentado. Y ante todos esos atentados y todos esos procesos de violencia ha actuado la justicia venezolana. La Comisión de Justicia y Paz de la Asamblea Nacional Constituyente, que dejaron un grupo muy pequeño, de los más peligrosos. Inclusive hubo gente que estuvo metida en delitos de violencia en ciudades importantes como Mérida y Caracas, que fueron enviados a sus casas también. Nosotros hemos enfrentado una situación de subversión permanente, alentado por los gobiernos de Estados Unidos.

JR: Pero ¿eso lo justifica? ¿Justifica esto? ¿Justifica la tortura, por ejemplo?

NM: ¿Justifica qué?

JR: La tortura.

NM: Tú eres una persona temeraria, vale, para lanzar acusaciones.

JR: Bueno, a ver, Human Rights Watch asegura que tiene documentados 380 casos de abusos inhumanos, incluyendo la tortura, en su país.

NM: Human Rights Watch es una organización que desde hace mucho tiempo ha servido... Yo te digo quién lo financia. Dime quién te da la plata y te diré quién te pone la música para que bailes.

JR: Es una de las instituciones más reconocidas internacionalmente.

NM: Reconocida por ustedes, por la derecha internacional. No es una institución. Le ponen un nombre: Human Rights Watch. Lo financia la USAID y se ha venido secando, ha venido desprestigiándose, porque es una organización totalmente parcializada, como eres tú, Jorge Ramos. Totalmente parcializada. Contrarrevolucionaria.

14:04:28

JR: Yo soy un periodista que hace preguntas. Y le he preguntado sobre prisioneros políticos y sobre tortura, y no quiere contestar.

NM: Tú traes una posición tomada, de provocador profesional que eres.

JR: Yo lo que traigo es...

NM: Lo haces muy bien. Te felicito.

JR: ... son unos datos que usted no quiere escuchar.

NM: Yo te felicito porque tú eres un provocador profesional. Pero a mí no me vas a sacar de las casillas. Yo estoy muy seguro de lo que es mi país, lo que es nuestra lucha, nuestra patria que amamos profundamente. Nosotros sí vivimos aquí, Jorge Ramos, y amamos a este país y lo vamos a defender,

109

Jorge Ramos. Lo vamos a defender a cualquier instancia que tengamos que defenderlo.

15:21:05

JR: Hablemos entonces de la crisis humanitaria que está viviendo actualmente su país. ¿Por qué se han ido 3 millones 400 mil venezolanos? ¿Cómo explica el millón de inflación al año? ¿Cómo explica que hay tanta gente que ha muerto en sus hospitales y que no tiene qué comer y que está comiendo de los camiones de basura como me tocó verlo ayer?

NM: Siguen con su guion. No quieren ver la viga que tienen en el ojo ustedes en Estados Unidos, los 40 millones de pobres que hay en Estados Unidos que sí necesitan ayuda humanitaria.

JR: Hablamos de los pobres en Venezuela.

NM: Los migrantes estadounidenses que por miles, los migrantes hondureños, colombianos, mexicanos que por miles son perseguidos en la calle como que fueran animales. No quieren ver los miles que son deportados.

JR: Yo soy un inmigrante en Estados Unidos y lo conozco.

NM: No quieren ver la viga en el ojo ajeno. No quieren ver su propia viga. La situación en la ciudad de Los Ángeles, Nueva York, de gente tirada en las calles que se congelan en los tiempos de la nevada. No quieren ver su realidad. Solamente quieren ver el guion, el *show* que está montado sobre Venezuela, justificando una escalada de intervención. Traten de ver su realidad, Jorge Ramos. Trata de ver tus 40 millones de pobres en Estados Unidos. Trata de defender a los latinoamericanos allá.

110

JR: Yo sé exactamente lo que hago. Yo soy un inmigrante allá. Pero aquí estamos hablando de la crisis que esta viviendo su país, señor Maduro. No me va a decir que eso no es cierto. Hay gente comiendo de la basura. Me tocó verlo.

NM: Yo lo vi en Nueva York y lo vi en Miami y ¿tú lo sacas en Nueva York y Miami?

JR: Lo acabo de ver hace solo unos días aquí.

NM: Lo que yo te digo… En Venezuela somos 30 millones de venezolanos. Y todas las cifras de protección social, igualdad social, seguridad social que hay sobre el sistema venezolano, a nivel internacional reconocido… Es que, bueno, tenemos un nivel altísimo de inversión. Tenemos…

JR: Su revolución ha fracasado terriblemente.

NM: Bueno, esa es tu visión de derechos de Estados Unidos porque no vives en Venezuela. Y no sabes el nivel de protección y seguridad social que tiene el pueblo para vivienda, para pensiones, para empleo, para ingreso, educación pública gratuita de calidad para el 80 por ciento de los venezolanos.

JR: A ver…

NM: Un médico de familia… Tenemos tres médicos de familia.

JR: Déjeme enseñarle el video de lo que yo vi ayer.

17:35:24

NM: Esta entrevista, te digo, no tiene ningún sentido ni para ti ni para mí. ¿Oíste? Yo creo que es mejor suspenderla. ¿Oíste? Te agradezco todo. Hasta luego.

JR: Gente…

NM: No tiene ningún sentido esta entrevista, ni para ti…

La entrevista se interrumpe ahí, entonces sale un logo que dice: "Palacio de Miraflores".

El video completo de la entrevista lo puedes ver aquí: https://fb.watch/2hXkQ9kr9C/.

## 10

Preguntas pendientes

No obedezcas por adelantado.

TIMOTHY SNYDER[1]

En toda entrevista hay preguntas que no se hacen, que se quedan pendientes, colgando, que se debieron hacer y que, por alguna razón, no se hicieron. En este caso, ya no me dejaron seguir preguntándole a Maduro.

Creo que hice las preguntas esenciales, las que demostraban que Maduro era un brutal y criminal dictador, pero se me quedaron muchas en las tres hojas que había preparado.

Cuando me toca hablar con estudiantes de periodismo, siempre les digo que nuestra principal responsabilidad social como periodistas es cuestionar a los que tienen el poder. Pero no es fácil. Los poderosos suelen intimidar y no están acostumbrados a que los cuestionen. Al contrario, imponen sus opiniones e ideas. A veces por las buenas y otras por la fuerza. Ellos generalmente tienen la última palabra. Excepto cuando están frente a un periodista.

A nosotros los periodistas nos toca hacerles las preguntas difíciles. Si nosotros no lo hacemos, entonces ¿quién las va a hacer? Para eso sirve el periodismo: para cuestionar a los que tienen el poder. Esa es nuestra principal función social.

Por eso, cuando tenemos la oportunidad de entrevistar a alguien que tiene mucha autoridad, no podemos desaprovecharla. No importa quién seas, son pocas las ocasiones en que nos podemos enfrentar con alguien verdaderamente poderoso. He visto innumerables entrevistas en las que el entrevistador se asusta o trata de caerle bien al entrevistado y sueltan preguntas fáciles. Eso es un grave error y no es buen periodismo.

No hay nada peor que terminar una entrevista y darte cuenta de que no tuviste el valor de hacer la pregunta más difícil, la esencial, la que hubiera definido el encuentro, la que de verdad se convierte en noticia.

De hecho, muchos políticos y líderes hacen todo lo posible para no contestar las preguntas más importantes. Esto me recuerda una conferencia de prensa que dio en el 2020 el entonces presidente peruano Martín Vizcarra (que luego fue destituido por el congreso de su país). La noticia en el mundo era la pandemia y los periodistas peruanos se quejaban de que no podían preguntarle al presidente sobre temas puntuales. "Lo que quedó pendiente", les dijo Vizcarra, "lo pueden preguntar al día siguiente".[2]

No. Preguntar mañana no es la mejor manera de hacer periodismo.

Ante una entrevista difícil, con alguien poderoso, siempre llego con dos supuestos: el primero, que no espero volver a entrevistar nunca más a esa persona; el segundo, que si yo no hago las preguntas difíciles, nadie más las va a hacer después. Esta actitud te libera como entrevistador. Si no buscas acceso y ya no vuelves a entrevistar a esa persona, entonces tienes la libertad de preguntar lo que quieras. Además, si no esperas que nadie más haga las preguntas que a ti te corresponde hacer, es más fácil tomar el valor para hacerlas.

En toda entrevista complicada, con alguien poderoso, va a haber preguntas que no le gusten al entrevistado. En todas. Es inútil tratar de quedar bien. Y lo peor que podemos hacer es autocensurarnos. Hay preguntas que tú sabes por adelantado que no le van a gustar al entrevistado. Son preguntas que, generalmente, cuestionan su posición y sus decisiones, que destacan alguna contradicción o mentira y que descubren algo que ha tratado de ocultar. Esa es la pregunta que hay que hacer.

¿Cómo sabes si debes hacer una pregunta? Bueno, cuando el corazón se echa a correr y las palmas de las manos te sudan, esa es precisamente la pregunta que debes hacer.

Originalmente nos habían dado media hora con Maduro yo iba preparado para el doble de tiempo. Durante días hice mi tarea. De lo que se trata es saber del entrevistado más que él mismo. Sí, sé que esto suena absurdo. Pero la única manera de tener una confrontación sobre algo muy personal o cercano —y salir adelante— es estudiando mucho. Como si fuera un examen.

"Una entrevista es algo extremadamente difícil", dijo alguna vez la periodista Oriana Fallaci, quien concebía la entrevista como una guerra. "Es una examinación mutua, una prueba de nervios y de enfoques."[3]

Fallaci también creía que el periodista podía tomar partido y no pretender una falsa objetividad. "En mis entrevistas no pongo solo mis opiniones, pongo también mis sentimientos. Todas mis entrevistas son dramas. Me involucro en ellas incluso de forma física", dice Fallaci en el libro *La corresponsal* de Cristina De Stefano. "Yo soy la que interpreta los datos. Siempre escribo en primera persona. ¿Qué es lo que soy yo? ¡Un ser humano!"[4]

A mi entrevista con Maduro nunca llegué pretendiendo ser neutral. No lo podía ser frente a un dictador. Al contrario, llegué con un punto de vista. No se puede entrevistar de la misma manera a un dictador que a una víctima de su dictadura. Tampoco quería hacer preguntas abiertas que le permitieran explayarse y comerse el tiempo. Tenían que ser preguntas cortas, específicas, que desde un principio lo pusieran contra la pared.

Esto, también, me permitiría darle un ritmo más rápido a la entrevista. No es lo mismo entrevistar para la televisión que para un periódico. La televisión, por su naturaleza, tiene un elemento de drama y la audiencia suele responder siempre a la confrontación. Y cuando se trata de un dictador, la confrontación está asegurada, siempre y cuando el entrevistador esté dispuesto a pagar el precio de ese choque.

Dicho esto, en toda entrevista hay preguntas que no son para comenzar y que no son esenciales. Esas que uno deja para después si tienes tiempo. Y así se me quedaron muchas en la entrevista con Maduro.

Quería preguntarle si tenía un plan de fuga. Maduro no es ni Hugo Chávez ni Salvador Allende. Chávez y Allende habían ganado sus elecciones; Maduro, en cambio, se las había robado. ¿Estaba dispuesto a terminar como el iraquí Sadam Huseín o como el libio Muamar al Gadafi?

Me había leído varios artículos de la constitución bolivariana. Y quería su reacción ante el artículo 233 que dice: "Cuando se produzca la falta absoluta del presidente electo […] se encargará de la presidencia de la República el presidente de la Asamblea Nacional". No había duda. Ante el mayúsculo fraude electoral del 2018 la presidencia le correspondía a Juan Guaidó, no a Maduro.

Quería mencionarle el artículo 350 que justifica la rebelión contra su gobierno y que dice: "El pueblo de Venezuela, fiel a su tradición republicana, a su lucha por la independencia, la paz y la libertad, desconocerá cualquier régimen, legislación o autoridad que contraríe los valores, principios y garantías democráticos o menoscabe los derechos humanos".

El secretario general de la Organización de los Estados Americanos (OEA) había dicho en el 2018 que existían unos 46 mil cubanos en Venezuela y que éstos actuaban como "una fuerza de ocupación que enseña a torturar y reprimir".[5] "¿Cuántos cubanos lo cuidan a usted?", le iba a preguntar a Maduro. "¿Cuántos trabajan para su gobierno?" Varios de ellos, según pudo comprobar mi equipo, eran parte del aparato de seguridad que nos quitó las cámaras, las tarjetas de video y los celulares.

Había que preguntarle sobre la corrupción en su mismo gobierno. Dos sobrinos de su esposa, Cilia Flores, fueron condenados a 18 años de prisión en Estados Unidos por narcotráfico, según una corte del Distrito Sur de Nueva York. Su plan era enviar 800 kilos de cocaína a Estados Unidos vía Honduras, según reportó el periódico español *El Mundo*.[6] "¿Usted no sabía que los sobrinos de su propia esposa estaban involucrados en actividades ilícitas?" "¿Fue ignorancia o negligencia?"

Quería cuestionarlo sobre su mórbida y cruel costumbre de salir a bailar en público y en televisión nacional luego de violentas jornadas de protestas que han dejado muertos y heridos. Esas escenas me parecían salidas de la novela de García Márquez, *El otoño del patriarca*.

La prensa vivía momentos muy difíciles. En Venezuela prácticamente no hay medios de comunicación independientes. Los pocos que se atrevieron a criticar o cuestionar al gobierno fueron cerrados o reprimidos. ¿Cómo puede Venezuela ser una democracia con una brutal censura de prensa?

El triunfalista discurso oficial chocaba con la realidad económica. El salario mínimo mensual cuando llegamos a Venezuela, en febrero del 2019, era de 18 mil bolívares soberanos, que equivalían a 5.45 dólares. Y cuando fui a un mercado popular en Caracas me di cuenta de que ese dinero no alcanzaba ni para comprar un kilo de harina de maíz. Eso me llevaría, si había tiempo, a hacerle varias preguntas personales:

¿Cuánto dinero tiene?

¿Cuál es su salario?

¿Come bien?

¿Dónde compra sus medicinas?

¿Dónde nació? ¿Nos podría mostrar su acta de nacimiento?

¿Por qué se hizo seguidor de Sai Baba?

¿Por qué no se atreve a salir a la calle?

Cuando un venezolano dice: "Maduro", y luego otros gritan: "Coño 'e tu madre", ¿no es esa una señal de repudio y rechazo?

Quería contarle lo que me tocó ver en el Hospital Vargas de Caracas, donde una familia tenía que llevar la sangre de su paciente —quien había sufrido una fuerte caída— a otro lugar para que le hicieran los análisis necesarios. Llevaban el tubito de sangre en un vaso de plástico con hielos. El paciente murió poco después que entrevisté a su mamá. Los médicos y enfermeras estaban haciendo una labor heroica sin los recursos mínimos para operar, como gasas y agua purificada. Le iba a pedir que saliera a ver, con sus propios ojos, lo que estaban sufriendo los pacientes en ese hospital. Yo lo vi y, ante esas imágenes, no había manera de decir que la revolución había triunfado.

Muchos venezolanos acusan a Maduro de ser un terrible gobernante. En el 2018 se habían reportado más de 23 mil personas asesinadas (un promedio de 63 por día), según el Observatorio Venezolano de Violencia.[7] Muchas de esas muertes, de acuerdo con organizaciones de derechos humanos, se podían atribuir a la Policía Nacional Bolivariana, a la Guardia Nacional y a los grupos conocidos como "colectivos". Ninguno de estos grupos podía actuar de manera independiente sin autorización u órdenes del ejecutivo. ¿Era cómplice Maduro de esas muertes?

Ante todo lo anterior, no sorprendía a nadie que el número de exiliados y refugiados venezolanos en el mundo había pasado de 700 mil en el 2015 a 3.4 millones para el 2018, según la Organización de los Estados Americanos.[8] Cinco mil venezolanos estaban dejando el país cada día, 200 por hora, en promedio. Si las cosas estaban tan bien, como Maduro aseguraba, ¿por qué tantos venezolanos se estaban yendo de su país?

"¿Cómo salir de esta crisis?" "¿Qué está dispuesto a hacer para evitar más muertes?" "¿Bajo qué circunstancias usted estaría dispuesto a dejar el poder?" "¿Aceptaría unas nuevas elecciones presidenciales sin usted y sin Guaidó como candidatos?"

Y al final de todo, había escrito la última pregunta para el dictador: "Usted se está quedando solo, ¿por que no se va y evita más muertes?"

Nunca se la pude hacer.

PALACIO DE MIRAFLORES

Este es el logotipo del Palacio de Miraflores que salió en el video al final de la entrevista, cuando Nicolás Maduro se levanta y se va. El logotipo forma parte de la entrevista grabada por la dictadura venezolana, no por Univision. Agentes de seguridad nos quitaron las tarjetas de video donde estaba grabada nuestra entrevista y todo el equipo de televisión —tres cámaras, luces, micrófonos— fue robado. Nunca nos lo regresaron.

Esta fue la autorización oficial que recibí para entrar a Venezuela y entrevistar a Nicolás Maduro. Mi llegada fue mucho más amable que la despedida.

Días antes de la entrevista con Maduro visité varios lugares de Caracas —incluyendo un mercado popular y un hospital— para preparar unos reportajes. Aquí estoy frente a un mural con la imagen del comandante Hugo Chávez, quien murió en el 2013. Imágenes como esta, realzando al líder original del movimiento, se repiten en todo el país.

Foto: Univision

No fue ningún montaje. En uno de mis recorridos por Caracas encontré a tres jóvenes que estaban comiendo de la parte trasera de un camión de basura. Saqué mi celular, los filmé y conversé con ellos. "Tenemos hambre", me dijo un adolescente luego de abalanzarse al camión.

Foto: Univision

Es verdad que imágenes similares se pueden ver en muchas ciudades del mundo, no solo en Caracas. Pero, en este caso, demostraban el fracaso de la narrativa oficial de que los venezolanos vivían mejor con los chavistas en el poder.

Foto: Univision

Esto es parte del video que había preparado para que lo viera Maduro durante la entrevista. Pero tan pronto se lo mostré en mi tableta, se paró de su silla, lo trató de tapar con su mano y dio por terminada la entrevista.

Foto: Univision

Un joven de camiseta negra y gorro blanco, quien se chupaba los dedos de su mano derecha, me dijo: "Hay que cambiar de presidente porque no podemos vivir así... Lo queremos sacar; no podemos vivir más así comiendo la basura". Tenía 36 años de edad y se llama Robert Jesús Guerrero, como comprobó días después el periódico español *El Mundo*.

Foto: Claudia Rondón

Este es parte del equipo de televisión de Univision que se robó el gobierno de Nicolás Maduro. Aquí estábamos esperando a las afueras del Palacio de Miraflores antes de entrar a la entrevista.

Nuestros camarógrafos preparando el equipo antes de la entrevista en uno de los salones del Palacio de Miraflores. Junto a nuestras cámaras, el gobierno de Maduro puso las suyas. Ellos grabaron la entrevista al mismo tiempo que nosotros. La ironía es que, al final, la entrevista que se pudo ver en todo el mundo es la que ellos grabaron. La nuestra fue confiscada y no sabemos si fue destruida.

Foto: Claudia Rondón

Foto: Claudia Rondón

Aquí estoy esperando la llegada de Maduro para la entrevista. En el piso hay parte del equipo que nos confiscaron. El lugar estaba resguardado por agentes de seguridad, varios de ellos con acento cubano, según comprobaron dos de las productoras de Univision que nacieron en Cuba.

Foto: Claudia Rondón

Ellos escogieron este lugar para la entrevista en el patio central del palacio, con una fuente de fondo —que pedimos que apagaran para que el ruido del agua no interfiriera en la conversación—. Aquí estoy preparando mis preguntas y esperando por Maduro. Minutos antes de la entrevista bloquearon todas las señales de los celulares y del sistema LiveU con el que íbamos a transmitir en directo la entrevista a Miami.

Esta fue mi primera pregunta: "Usted no es el presidente legítimo, entonces, ¿cómo le llamo? Para ellos usted es un dictador". La primera pregunta es la que establece el tono y el ritmo de la conversación. No es lo mismo entrevistar a un dictador como Maduro que a una víctima de su dictadura. Había que llegar con un plan. Yo sabía que nunca más volvería a hablar con él.

"¿Tú reconoces esto?", me preguntó, mientras me mostraba una copia de la constitución venezolana. "Legítimamente llegué [a la presidencia] por el voto popular", me dijo. Pero eso no era cierto. Dos enormes fraudes electorales (en 2013 y 2018), las muertes de cientos de opositores y el encarcelamiento de disidentes políticos, entre muchas otras cosas, le habían quitado toda posible legitimidad. Maduro es, simplemente, un dictador.

Durante la entrevista le acerqué a Maduro una lista con los nombres de cientos de prisioneros políticos. Pero se rehusó a tomarla. "Agarra tu basurita, Jorge Ramos. Agarra tu basurita, compadre", me dijo. "Te vas a tragar con Coca-Cola tu provocación." Foro Penal había denunciado la presencia de 989 presos políticos en cárceles venezolanas en el 2019.

Foto: Univision

"Si fueras venezolano tendrías que enfrentarte con la justicia", me amenazó Maduro cuando le di las cifras de los asesinatos achacados a su gobierno por la Oficina del Alto Comisionado de las Naciones Unidas para los Derechos Humanos y por el Observatorio Venezolano de la Violencia. "Has asesinado a cientos de jóvenes en las calles por reclamar los derechos que les robaste, eso sin contar con los fallecidos por la falta de medicina y seguridad", le había dicho a Maduro su exjefe de inteligencia, Hugo Carvajal.

Foto: Univision

"Yo soy un hombre apegado a valores espirituales", me dijo Maduro. "Practicante de diario. Cristiano de oración." Ante lo cual, le pregunté sobre los actos de represión de su gobierno: "¿Y cómo explica los muertos del 2014, del 2017, del 2019?"

Foto: Univision

Cuando traté de mostrarle a Maduro el video de los jóvenes venezolanos comiendo de un camión de basura —y de argumentar que la revolución bolivariana había fracasado—, se paró de la silla, torpemente intentó tapar el video de la tableta para que no lo captaran las cámaras y dijo: "La entrevista se terminó". Se dio la media vuelta y se fue. "Esto que usted está haciendo no lo hacen los demócratas; esto es lo que hacen los dictadores", le alcancé a decir mientras se iba.

Foto: Mark Lima

Estas son imágenes son a mi llegada al aeropuerto de Miami, luego de haber sido detenidos y deportados de Venezuela. Y todo por hacer preguntas que no le gustaron al dictador.

Foto: Mark Lima

Aquí el fraterno abrazo que me dio Daniel Coronell, el presidente de noticias de Univision, a mi regreso a Miami. Juntos planeamos la estrategia de la entrevista y, gracias a su afinado instinto periodístico, desató una tormenta de tuits poco después de nuestro arresto en el Palacio de Miraflores. Eso evitó, creo, que nos mantuvieran detenidos por más tiempo y que no nos permitieran salir del país. Gracias a él y a María Martínez pudimos recuperar la entrevista meses después.

Foto: Mark Lima

Contando la historia de lo que pasó en esos 17 minutos de entrevista.

11

Detenidos y deportados

La desobediencia civil no es nuestro problema. Nuestro problema es la obediencia civil. [...] Nuestro problema es que las cárceles están llenas de ladronzuelos y los mayores bandidos al frente del país. Ese es nuestro problema.

Howard Zinn[1]

Hay hoteles que son un refugio y otros que, sin querer, se convierten en una cárcel. El hotel Cayena de Caracas fue ambas cosas.

Cuando nos dejaron salir del Palacio de Miraflores en nuestra propia camioneta yo no tenía la certeza de que pudiéramos llegar libremente al hotel. Nuestra camioneta estaba custodiada por vehículos marcados del Servicio Bolivariano de Inteligencia (Sebin) y por patrullas de la policía.

Todo, de pronto, parecía demasiado fácil. Si estaban tan enojados con la entrevista y nos estaban acusando falsamente de espionaje, ¿por qué nos dejaban libres? Algo estaba pasando.

Mi mayor temor era que, una vez alejados del Palacio de Miraflores, nos fueran a detener nuevamente y nos llevaran al Helicoide, la tenebrosa prisión utilizada por el Sebin para torturar a disidentes y opositores. Ese es el hoyo negro de la tiranía venezolana. El Helicoide había sido construido como

121

un moderno centro comercial a principios de los años cincuenta,[2] pero cayó en desgracia. Tres décadas después se fue transformando, poco a poco, en el lugar más peligroso de Venezuela. Y ya en la dictadura de Chávez y Maduro, era el templo del terror.

"Yo no vine a caer en lo peligroso de la situación hasta que ya estábamos camino al hotel", recuerda Claudia. "Empecé a analizar todo lo que había pasado y dije: '*Wow,* yo sé lo que es esto. Yo vengo de esto'. Me recuerda Cuba. Me recuerda el pánico ese de que, desde que naces, te están diciendo: 'No hables de política; aquí no hablamos de política'. Y cuando lo haces es inevitable, sabes el final. El final es desaparecer. El final es cárcel. El final es incluso la muerte. Lo he visto; vengo de ahí."

Mientras íbamos en camino al hotel, en cualquier momento nos podían detener y llevar a otro lado. Lo único que nos protegía era Twitter.

Ninguno de nosotros tenía un celular, pero sospechábamos que la presión de las redes sociales había obligado al gobierno a pensarlo dos veces antes de detenernos indefinidamente. Más tarde nos daríamos cuenta de la dimensión y la importancia de esa tormenta tuitera.

Llegamos al hotel: moderno, eficiente, una isla de paz y detalles personalizados, como si estuvieras en tu casa. La recepción era una pequeña sala con sillones acolchonados. Había pocos huéspedes y a veces daba la sensación de que estabas tú solo. Toda la construcción y las atenciones de su personal contrastaban con una ciudad caótica donde los servicios más básicos —agua, luz e internet— iban y venían.

Tan pronto cruzamos la puerta del hotel se cerraron las rejas del garaje que daban a la calle. Había la orden policial de

que nadie podía entrar o salir. El gerente y todos los empleados del hotel, ya informados de lo que nos había ocurrido,
se portaron extraordinariamente bien. Nos dieron té, café y
unas galletas para matar el hambre y el susto.

Uno por uno fuimos subiendo a los cuartos para hablar
por teléfono con nuestras familias y explicarles que estábamos nerviosos y preocupados pero bien. Estaba claro que no
podíamos salir del hotel. La pregunta era si nos permitirían
salir del país.

Al poco rato, nos volvimos a reunir en el lobby. No sabíamos qué iban a hacer con nosotros. En cualquier momento
podían entrar al hotel y arrestarnos.

El único que tenía un celular para comunicarse con Estados Unidos era nuestro corresponsal Pedro Ultreras. Acababa
de llegar a Caracas luego de un largo trayecto por carrete-
ra desde la frontera con Colombia y no había estado con el
grupo que fue a la entrevista con Maduro.

Con su celular llamé a Univision y entré al aire para un
informe especial en cadena nacional con Patricia Janiot:

"Ya todo el equipo de Univision se encuentra en el hotel.
Estuvimos detenidos por más de dos horas en el Palacio de
Miraflores. Lo que pasó es que teníamos una entrevista con el
líder Nicolás Maduro. Después de 17 minutos de entrevista a
él no le gustaron las cosas que le estábamos preguntando —sobre la falta de democracia en Venezuela, sobre las torturas, los
prisioneros políticos, sobre la crisis humanitaria que estaban viviendo— y se levantó de la entrevista después que le mostrara
un video de unos jóvenes comiendo de un camión de basura.

"Inmediatamente después vino uno de sus ministros, Jorge Rodríguez, a decirnos que la entrevista no estaba auto-
rizada y nos confiscaron todo el equipo. No tenemos nada.

Se quedaron con las cámaras. Se quedaron con todo nuestro equipo. Nos quitaron las tarjetas [de video]. Sí, la entrevista la tienen ellos y todos los celulares. Te estoy hablando de un celular que no es el mío. Se pasaron más de dos horas interrogándonos. En el caso de la productora María Martínez y el mío, nos metieron en un cuarto de seguridad, apagaron las luces, nos arrancaron los celulares, nos quitaron el *backpack,* se quedaron con muchas de nuestras cosas personales. Y acabamos de regresar al hotel…

"Esto se va a dar a conocer con video o sin video. Jamás pensé que iban a hacer una estupidez como esta. Jamás pensé que iban a tomar toda la entrevista y a robarnos."[3]

Poco a poco, a través del celular de Pedro Ultreras, nos fuimos enterando de las reacciones en el mundo a lo que acababa de ocurrir.

El secretario general de la Organización de los Estados Americanos, Luis Almagro, envió un tuit esa misma noche: "Un nuevo ataque del dictador usurpador @NicolasMaduro a la libertad de expresión y a #DDHH. Cada día se retrata como el tirano que es. Y cada día más solo y arrinconado. Devuelvan equipos y el material a @jorgeramosnews y a su equipo de @UniNoticias y déjenlos trabajar #OEAconVzla".[4]

El Departamento de Estado, a través de Kimberly Breier, subsecretaria de Estado para Asuntos del Hemisferio Occidental, también tuiteó: "@jorgeramosnews y su equipo han sido detenidos contra su voluntad en el Palacio de Miraflores por Nicolás Maduro. Insistimos en su inmediata liberación; el mundo está viendo".[5]

Esa misma noche, en su cuenta personal de Twitter, el canciller mexicano, Marcelo Ebrard, publicó su queja: "El Gobierno de México ha manifestado al de la República Bolivariana de Venezuela su preocupación y protesta por lo ocurrido en el Palacio de Miraflores hoy a Jorge Ramos y su equipo. Peniley Ramírez de Univision nos acaba de comunicar que han sido liberados".[6]

Luego, en un comunicado, la Secretaría de Relaciones Exteriores de México dijo que estaba haciendo seguimiento a lo que nos había ocurrido al camarógrafo Martín Guzmán y a mí, ambos mexicanos: "Asimismo, se ha solicitado se restituyan equipo y materiales a Jorge Ramos y a sus colaboradores. Nuestro país hace un llamado al respeto de la libertad de expresión y refrenda su obligación en defensa de la seguridad de los ciudadanos mexicanos en el exterior".[7]

Pero nunca nos regresaron nuestros equipos.

Nuestra primera señal de alivio fue cuando nos encontramos en el hotel a representantes de las embajadas de Estados Unidos y de México en Caracas. Querían saber qué había pasado y darnos toda la ayuda posible. Les contamos la historia y acordamos que, al día siguiente, vehículos de ambas embajadas nos llevarían al aeropuerto para salir del país. Creíamos, correctamente, que el régimen de Maduro no se atrevería a atacar o detener camionetas con personal consular.

El diplomático mexicano, Juan Manuel Nungaray, se portó maravillosamente bien y nos prometió hacer todo lo posible para llevarnos al día siguiente hasta la misma puerta del avión. La noche de nuestro arresto, de pronto, me pasó su celular. Era el canciller mexicano, Marcelo Ebrard, quien quería asegurarse de que seguíamos libres. Hablamos unos minutos y le agradecí la intervención del gobierno mexicano para protegernos.

Sin duda, la relación de México con el gobierno venezolano era mucho más fluida que la de Estados Unidos. México no había reconocido a Juan Guaidó como presidente interino de Venezuela. Estados Unidos sí. Pero, al mismo tiempo, sabíamos que el régimen de Maduro no se atrevería a atacar a ciudadanos estadounidenses —y menos a diplomáticos— en Venezuela. Estábamos bien cuidados.

Antes de que cerraran las puertas del hotel, un grupo de corresponsales extranjeros se habían logrado colar a su interior. Y después de hacer nuestras declaraciones a ambas embajadas, el hotel nos consiguió un pequeño salón para realizar una improvisada conferencia de prensa. Ahí le conté a algunos de mis colegas cómo nos habían arrebatado nuestras cámaras y cómo habían censurado la entrevista. En otras ocasiones había sufrido intentos de censura. Pero nunca uno tan burdo como el del régimen venezolano.

También les mostré el video de los jóvenes comiendo del camión de basura que tanto había molestado a Maduro y que tenía grabado en mi iPad. Por alguna extraña razón, quizás por un error, en el Palacio de Miraflores me habían quitado el celular pero no mi tableta. No teníamos la entrevista, pero sí el video —y la narrativa— de por qué el dictador había terminado la conversación.

"Se robaron mi trabajo", dije en una entrevista con la agencia AP. "Mi trabajo es hacer preguntas."[8]

Mientras tanto, el ministro Jorge Rodríguez trataba de reparar el daño. Su jefe, Maduro, estaba siendo exhibido en el mundo como lo que era: un vulgar dictador. "Por Miraflores han pasado centenas de periodistas que han recibido el trato decente que de forma habitual impartimos a quienes vienen a cumplir el trabajo periodístico, y han publicado el resultado de ese trabajo. No nos prestamos a *shows* baratos", dijo Rodríguez en un reportaje de la BBC.[9]

La declaración del ministro era increíble. Daba a entender que si el trabajo de un periodista les parecía apropiado, entonces permitían su publicación. El de nosotros, claramente, no lo era para él. Lo más preocupante es que se sintieran con el derecho de confiscar un material que no les gustaba. Si eso nos lo hacían a nosotros como corresponsales extranjeros, no quería ni imaginarme las presiones que sufría la prensa venezolana.

Como suele ocurrir con los regímenes totalitarios y populistas, lo primero que intentaron fue descalificarnos y decir que trabajábamos para el gobierno de Estados Unidos. Esto fue lo que dijo el ministro Rodríguez en Twitter: "En el mismo momento en que @ABC publica una entrevista con el Pdte @NicolasMaduro, el Dep de Estado inventa un nuevo falso positivo con un *show* y un montaje".[10]

Absurdo y falso.

En realidad, quien se estaba imaginando un cuento de conjuras y traiciones era el propio ministro. Él nos permitió entrar a Venezuela, él coordinó la entrevista, y ahora no tenía cara para explicarle a Maduro que se había equivocado. Y se inventó la mentira de una operación internacional coordinada con el gobierno de Donald Trump. Esto era algo totalmente absurdo en vista de mis enfrentamientos con el presidente estadounidense, quien, cuando candidato, me sacó de una conferencia de prensa con un guardaespaldas en el 2015.

El gobierno de Venezuela claramente se sentía amenazado por la presión internacional y no podía ver en nuestra entrevista otra cosa más que un ataque. Maduro y sus ministros no podían comprender que ellos eran responsables de la crisis que vivía el país. Era mucho más fácil culpar a Estados Unidos y a la prensa independiente que asumir responsabilidad.

Antes de subir a mi cuarto para dormir un poco, agradecí a todos y cada uno de mis compañeros de equipo. Se habían comportado como grandes periodistas en un momento de enorme tensión y crisis. Hicieron lo que tenían que hacer.

No puedo ocultar que teníamos miedo. Estábamos sintiendo lo mismo que muchos venezolanos cuando son confrontados por agentes del régimen. Éramos totalmente vulnerables a cualquier capricho de la dictadura madurista esa noche. Los diplomáticos ya se habían ido. Nadie podía protegernos. Quedamos en vernos en el lobby poco después del amanecer.

Al entrar al cuarto vi a través de las cortinas a varios policías y vehículos del Sebin en la entrada del hotel. Me bañé con la luz apagada sospechando que cualquier movimiento podría ser grabado. Después de los eventos del día, todo me parecía posible. No era paranoia. Entendí en carne propia esa permanente sensación de persecución de los que se rebelan en un sistema autoritario. Ya estaba a punto de recostarme cuando tocaron la puerta del cuarto. Un empleado del hotel me dijo que unos agentes querían hablar conmigo.

"Ojalá no termine arrestado", pensé. Era casi medianoche.

Para no salir solo, busqué a un par de mis compañeros —que todavía no se habían ido a dormir— y me dirigí a la puerta del hotel. Las rejas metálicas seguían cerradas. Así, a través de ellas, un funcionario del servicio de inmigración leyó una orden de deportación para mí y todos mis compañeros. Tendríamos que salir de Venezuela en las próximas horas.

"Hace un rato oficiales de inmigración venezolanos nos notificaron que seremos expulsados del país. Debemos salir a las 8 de la mañana. Estamos recibiendo apoyo de las embajadas de México y Estados Unidos. El hotel está sitiado por auto-ridades venezolanas y no podemos salir", escribió en su cuenta de Twitter el corresponsal Pedro Ultreras.[11] Pedro no había participado en la entrevista y ni siquiera fue al Palacio de Miraflores. Pero igual lo metieron en la lista de deportados.

Su apoyo, su calma, su solidaridad y su celular fueron fundamentales para estar conectados con el resto del mundo desde Caracas.

Poco más tarde, Daniel Coronell confirmó lo que Pedro había adelantado: "Los periodistas de @Univision en Venezuela, encabezados por @jorgeramosnews, están custodiados por el @SEBINoficial y se les ha anunciado que serán deportados. Su delito: hacer preguntas que no le gustaron a @NicolasMaduro".[12]

Mientras tanto, seguíamos vigilados. "A esta hora, 12:15 am, sigue el Sebin en la entrada del hotel", reportó la cuenta del Sindicato Nacional de los Trabajadores de la Prensa (@sntpvenezuela).[13]

Luego de que nos leyeron la orden de deportación, me regresaron mi celular. Uno de sus agentes grabó el momento en una cámara. Me lo entregó, precisamente, el agente que me lo había quitado en el Palacio de Miraflores y que tanto insistió en que le diera mi clave secreta. No quise darle las gracias; después de todo me estaba regresando algo que me pertenecía.

Subí rápidamente al cuarto y saqué mi celular de una bolsa de plástico transparente en la que me lo habían entregado. Venía apagado. Lo prendí y a los pocos minutos me di cuenta de que habían borrado absolutamente todo. No había fotos, calendario, contactos, nada. Todo lo habían borrado. Lo apagué. Lo metí de nuevo en su bolsita de plástico y nunca más volví a usarlo en mi vida. Tenía miedo de que le hubieran puesto algún tipo de chip que le permitiera al régimen escuchar mis llamadas o rastrearme. Al llegar a Miami, lo destruí con un martillo, lo tiré muy lejos de casa, compré uno nuevo y cambié mi número —por si las moscas, como dicen en México—.

Pasaba la medianoche, estaba lleno de adrenalina e imposibilitado de comunicarme con mi celular. Pero me forcé a meterme en la cama y tratar de dormir. Sabía que las próximas 24 horas iban a ser muy difíciles.

Nuestro vuelo de Caracas a Miami salía el martes 26 de febrero poco después del mediodía. Desayunamos un poco después del amanecer, María pagó todas las cuentas del hotel y salimos al estacionamiento. Ahí había tres camionetas: dos de la embajada estadounidense y una de la mexicana. Nos repartimos entre las tres y nos dirigimos hacia el aeropuerto de Maiquetía.

Desde que salimos fuimos rodeados por patrullas de la policía y vehículos marcados con el sello del Sebin. Temíamos, por supuesto, que el gobierno venezolano hubiera cambiado de opinión y que, en lugar de dejarnos ir, nos volviera a arrestar. Pero nadie se atrevió a detener las camionetas blindadas de la embajada de Estados Unidos que, además, llevaban en su interior a personal de seguridad fuertemente armado. (Pocos días después, el 11 de marzo del 2019, Estados Unidos suspendería las operaciones de su embajada en Caracas y retiraría a su personal diplomático.[14])

El problema iba a ser el aeropuerto. El personal diplomático de Estados Unidos —que se había portado extraordinariamente bien con nosotros y estaba al tanto de todos y cada uno de nuestros movimientos— no podía entrar a la zona de migración ni a las puertas de salida. Pero los diplomáticos de México sí. Checamos el equipaje —que solo consistía en nuestras maletas— y nos despedimos de los funcionarios estadounidenses y de su equipo de seguridad que tanto nos habían cuidado.

Ahora sí, cualquier cosa podía pasar.

Nuestra única protección era Juan Manuel Nungaray, de la embajada mexicana. "No los voy a dejar hasta que se suban al avión", me prometió. Y cumplió su palabra. Estuvo pegado a nosotros durante las tensas horas de espera hasta que el vuelo 1483 de American Airlines despegó de Maiquetía.

Más tarde enviaría este tuit: "Quiero agradecer a la cancillería mexicana y a la embajada de México en Caracas. Estuvieron presentes durante horas, incansables, hasta que nos subimos hoy al avión (tras haber sido detenidos ilegalmente por el régimen de Maduro). Posdata: No nos han regresado nada todavía".[15]

Para complicar aún más las cosas, un periodista de la cadena Telemundo, Daniel Garrido, que estaba cubriendo nuestra detención, fue secuestrado durante seis horas el mismo martes 26 de febrero. Esto dijo Telemundo en un comunicado: "Daniel estaba cubriendo la reciente detención y deportación del país del equipo de Noticias Univision, cuando un grupo de individuos armados y sin identificar lo forzó a subirse a un vehículo y le cubrió la cabeza con una capucha". Luego de seis horas "los secuestradores lo liberaron sin explicación alguna".[16] Tampoco le regresaron su equipo.

Al gobierno de Maduro ya le estaba gustando robarse las cámaras de los corresponsales extranjeros.

Las redes, naturalmente, explotaron con la noticia de nuestro arresto, la confiscación del equipo y la entrevista censurada. El régimen de Maduro se equivocó garrafalmente. Lejos de dar una imagen de normalidad democrática, se presentó ante el mundo como lo que es: una brutal dictadura que reprime y no admite las críticas.

Al aterrizar en Miami nos estaban esperando muchos compañeros de la prensa. Hablé con ellos. La zona de llegadas internacionales se convirtió, de pronto, en una improvisada sala de prensa. Había decenas de medios, tanto en inglés como en español. Nada de esto, pensé, estaría ocurriendo si Maduro hubiera terminado la entrevista sin confiscarnos los equipos. Cometieron un grave error de cálculo.

Daniel Coronell, junto con varios de mis compañeros de Univision, me estaba esperando en el aeropuerto. Me dio un buen abrazo (hay una gran foto de los dos que nos tomó el productor Mark Lima) y nos fuimos a Newsport, donde grabamos el noticiero todos los días. Había mucho que reportar. Ni siquiera me dio tiempo de cambiarme la camisa azul con la que había entrevistado a Maduro y que seguía usando. Viajo con lo imprescindible y había llevado a Caracas solo una camisa para la entrevista.

Uno de los momentos más emotivos de mi carrera lo viví al entrar a las instalaciones de Univision en el Doral, Florida. Decenas de mis compañeros nos estaban esperando y, tan pronto entramos, nos empezaron a aplaudir. Martha Flores, la veterana periodista cubanoamericana con quien siempre tuve una gran relación de colegas y amigos, fue la primera en acercarse. Sus palabras estuvieron llenas de apoyo y cariño. Apenas pude contener las lágrimas. Le volví a agradecer al increíble equipo que me había acompañado a Caracas y, como suele ocurrir entre periodistas, inmediatamente después nos pusimos a escribir y editar todo lo que había pasado. Esa noche había noticiero y era preciso contar la historia.

En un brevísimo momento de calma, me senté frente a la computadora de la oficina y respiré profundo. "Ya estamos en casa", escribí en inglés en Twitter. "Gracias a todos por su apoyo. Se sintió cuando más lo necesitábamos."[17]

12

Venezuela en su laberinto

"Carajos", suspiró. "¡Cómo voy a salir de este laberinto!"
GABRIEL GARCÍA MÁRQUEZ,
El general en su laberinto

Un mes después de mi entrevista y expulsión de Venezuela pude conversar vía Skype en marzo del 2019 con el presidente interino Juan Guaidó; él, en algún lugar de Venezuela, y yo, en Miami. Empezó disculpándose, en nombre de los venezolanos, por lo que nos había ocurrido con Maduro y me aseguró que, muy pronto, la libertad de expresión volvería a reinar en su país.

Y al igual que en mi conversación con Maduro, empecé preguntándole al joven de 35 años de edad "¿Cómo le llamo?"[1]

El tema era importante. La dictadura insistía en que Guaidó se había autoproclamado presidente. Pero él prefería otro título. "Presidente encargado de Venezuela por mandato constitucional", me dijo. Y luego me dio la explicación. El artículo 233 de la Constitución dice que "cuando se produzca la falta absoluta del presidente […] se encargará de la presidencia de la República el presidente de la Asamblea Nacional".

Maduro —para él y para millones de venezolanos— no era el presidente.

La presidencia de Venezuela quedó oficialmente vacía luego del monumental fraude electoral de Maduro en mayo del 2018 y su usurpación del poder en enero del 2019. Poco después Guaidó asumió sus funciones como presidente interino.

Eso tomó por sorpresa a los chavistas.

"¿Cómo sacar a Maduro del poder?", le pregunté. "Debemos insistir en la llamada 'Operación Libertad' para generar más presión interna en Venezuela", me dijo. "Luego, seguir [con] la presión internacional que ha sido determinante en esta parte del proceso." A esto se sumaba una ley de amnistía para militares y funcionarios gubernamentales que renunciaran al régimen (y que fue aprobada por la Asamblea), y la promesa de elecciones libres tan pronto se fuera Maduro.

Pero eso no había sido suficiente.

Entonces ¿cuáles son las salidas a esta crisis? "Hay tres opciones de salida real en Venezuela: una, una elección luego de un gobierno de transición; [dos,] una transición *sui generis* como sucedió en 1958 en Venezuela [cuando una junta militar derrocó al dictador Marcos Pérez Jiménez]; [y tres,] una salida de fuerza, que no tiene que ser de fuerza externa. Hoy las fuerzas armadas están muy descontentas con Maduro."

¿Cuándo lo veremos en el Palacio de Miraflores? "Quisiéramos que en horas, días", me dijo con cautela. "Nunca habíamos llegado a este punto. Siento —lo percibimos aquí en Venezuela— que estamos hablando de que muy pronto."

El domingo 24 de octubre del 2020 llegó a Madrid, España, Leopoldo López, el prisionero político más importante de Venezuela. Se había escapado de la embajada de España en

Caracas en una peligrosa y secreta operación de la cual no quiso hablar para proteger a quienes le ayudaron.

"No te puedo dar detalles, Jorge", me dijo durante una entrevista[2] desde Madrid y a través de la tableta de su esposa, la defensora de derechos humanos Lilian Tintori. "La verdad es que ha habido una retaliación por parte de la dictadura: más de 14 personas están detenidas en estos momentos, gente que nada tuvo que ver con mi salida."

Pero sí me explicó por qué decidió huir. "Las circunstancias de mi estadía en la embajada cambiaron", me dijo. "Llegué a la conclusión de que podía contribuir mucho más desde fuera: apoyando a nuestro presidente Juan Guaidó, apoyando nuestra causa, siendo una voz de nuestra lucha por la libertad de Venezuela."

Terminaban así más de seis años de cárcel, torturas y persecución desde que fue arrestado durante una manifestación en las calles de Caracas el 18 de febrero del 2014 y acusado falsamente por la dictadura de incitar a la violencia.[3] Pasó más de tres años en la prisión de Ramo Verde, luego le otorgaron casa por cárcel por problemas de salud[4] y, finalmente, tras un fallido intento de levantamiento el 30 de abril del 2019, buscó refugio en la embajada española.

"Nunca me he arrepentido", me contó, ya reunido con sus tres hijos, Manuela, Leopoldo y Federica —de tan solo dos años y medio—. "Pasé un tiempo difícil en la cárcel. Años de aislamiento, de tortura —tortura que, por cierto, ha sido reflejada en los informes de la ONU—. Pero nunca me arrepentí, ni me arrepiento en estos momentos. Es parte de la lucha. Si nosotros estamos dispuestos a liderar, tenemos que estar dispuestos a sufrir lo que significa enfrentar una dictadura."

Hugo Chávez, quien con su estilo unipersonal concentró casi todo el poder en Venezuela desde 1999 y creó las bases de la actual dictadura, murió de cáncer en el 2013. Entonces muchos pensaban que no podría haber chavismo sin Chávez. Sin embargo, Nicolás Maduro sigue en el poder.

"¿Lo subestimaron?", le pregunté a Leopoldo.

"Nicolás Maduro es mucho peor que Hugo Chávez", me contestó. "Nicolás Maduro no es un líder ideológico[...] Representa a una estructura criminal que le ha dado amparo a grupos militares, paramilitares, corruptos de distintas partes del continente y del mundo [...] Yo sí creo que se subestimó. Nosotros en el 2014 fuimos muy claros al decir que en Venezuela estábamos viviendo una dictadura. Y por eso fui a la cárcel."

Leopoldo no cree que la solución sea una negociación con Maduro.

"Yo creo que es ingenuo", me dijo. "A estas alturas, después de haber intentado no uno, sino más de seis procesos de negociación con Maduro, tenemos que llegar a la conclusión de que no hay la voluntad por parte de él para una salida negociada." Leopoldo cree que "hay que continuar con la presión", con "sanciones individuales, focalizadas, estratégicas" y con el esfuerzo legal para acusar a los "responsables de tortura, represión y homicidio".

Pero tarde o temprano, Leopoldo va a regresar a Venezuela. "Estoy convencido que vamos a regresar", me dijo. "Y cuando digo 'vamos' hablo de un gran plural, porque somos millones de venezolanos que estamos en el exilio [...] Ya diseñaremos la estrategia para poder regresar. Pero vamos a regresar y vamos a ver a una Venezuela libre."

Si algo tienen los chavistas es su casi infinita capacidad de reinvención… y de venganza. ¿Un caso concreto? El camaleónico Jorge Rodríguez. Fue presidente del Consejo Nacional Electoral, vicepresidente, alcalde de Caracas y ministro de Comunicación, Cultura y Turismo en el momento de mi entrevista con Maduro. Rodríguez reapareció el 5 de enero del 2021 como presidente de la nueva Asamblea Nacional. Pero había un pequeño problema. Esa asamblea era ilegal y no fue reconocida como una institución legítima por muchos gobiernos del mundo y por millones de venezolanos.

Esa falsa asamblea surge de unas elecciones parlamentarias que no fueron reconocidas, por ejemplo, por los 27 miembros de la Unión Europea, debido a que se realizaron en un contexto de "descalificación y persecución de los líderes de la oposición".[5] La Unión Europea pidió, a cambio, otras elecciones (legislativas y presidenciales) que sí fueran justas, creíbles y transparentes. Pero pedirle eso a una dictadura es como solicitarle su propia sentencia de muerte: no iba a ocurrir. La naturaleza de una tiranía es, precisamente, mantenerse en el poder a como dé lugar. No le importa lo que diga la Unión Europea.

La mayoría de los partidos políticos de oposición no participaron en las elecciones legislativas de diciembre del 2020. Eso explica por qué el 90 por ciento de los 277 escaños fueran ganados por el oficialismo, de acuerdo con los cálculos de *El País* de España, y que la abstención rondara el 70 por ciento.[6] Pero el resultado final fue un caos legal y político; un fiel reflejo de la crisis y confusión que vive Venezuela.

A principios del 2021 había dos Asambleas Nacionales: una liderada por el chavismo y otra por la oposición; una con Jorge Rodríguez como presidente y otra con Juan Guaidó.

El argumento de la oposición era que la nueva asamblea chavista no era legítima y, por lo tanto, la anterior —dominada por la oposición— extendía su mandato. Esto mantenía a Guaidó como presidente de la Asamblea Nacional y como "presidente interino" del país. Naciones como Canadá, Estados Unidos, Uruguay[7] y 12 miembros del Grupo de Lima[8] fueron de los primeros en apoyar Guaidó y su interpretación de los hechos, y no reconocieron la "ilegítima asamblea" chavista.

"Al no haber diputados legítimamente electos para este nuevo periodo legislativo, corresponde al Parlamento electo en 2015 seguir en funciones hasta que haya una elección válida", dijo Guaidó en un reporte distribuido por la agencia AP.

Pero, en la práctica, los chavistas estaban tomando el palacio legislativo por la fuerza.[9] Y esta complicadísima situación legislativa generaba mucho ruido en los planes de la oposición para resistir y acabar con la dictadura de Maduro.

Rodríguez, un poco transparente, psiquiatra graduado de la Universidad Central de Venezuela, sin un pelo de tonto y que está en la lista de sancionados por el Departamento del Tesoro de Estados Unidos,[10] se puso al frente de lo que llamó un "exorcismo". Lo que en realidad anunciaba era una campaña de venganza política. "Hay ofensas que no se pueden pasar por alto", dijo en unas declaraciones recogidas por *El País*. "No puede haber perdón con olvido, no puede haber reconciliación con amnesias."

Y ni siquiera se esperaron a que tomara posesión la nueva asamblea chavista para iniciar su vengativa campaña. Unas horas antes de la ceremonia el propio Guaidó difundió por Twitter las imágenes de un notable incremento de la fuerza policial a las afueras de su apartamento en Caracas. "Este es el método de la dictadura y por el cual están señalados por delitos de lesa humanidad", escribió en su cuenta.[11]

La dictadura seguía imponiéndose y la oposición resistiendo.

Pero el laberinto se había enredado aún más.

Ni Venezuela ni Cuba ni Nicaragua son ejemplos a seguir. No son naciones libres ni democráticas. Demuestran claramente el fracaso de los sistemas autoritarios y unipersonales. El llamado "socialismo del siglo XXI" es una corrompida fórmula ideológica con terribles resultados en América Latina. Y lo peor son sus constantes abusos a los derechos humanos.

Desde luego que hay un lugar para la izquierda en Latinoamérica. En el continente con los ingresos más desiguales del planeta es necesario luchar y darles voz a los más vulnerables y a los que menos tienen. La izquierda debe habitar un espacio importante en los gobiernos y en la sociedad civil para promover los derechos humanos, una mejor salud y educación para todos, y acceso universal a internet. Le toca tomar el liderazgo en contra del racismo hacia los grupos indígenas, en contra de la histórica discriminación —que a veces asemeja un sistema de castas—, en contra de la corrupción y los abusos económicos de las oligarquías y las clases dominantes, y a favor de los derechos de las mujeres, de la comunidad LGBTQ+, de los niños, de los trabajadores y de los que son únicos y diferentes. La izquierda puede y debe estar muy activa en la creación, protección y promoción del arte popular, la música y la literatura. La defensa del medio ambiente es su lugar natural. La izquierda está obligada a tomar el punto de vista de los olvidados y de los silenciados. La izquierda puede y debe hacer mucho más en un hemisferio plagado por la pobreza, la injusticia, la desigualdad y la desesperanza.

Pero la Venezuela de Maduro no es nada de lo anterior. Es una vil dictadura.

En 1993 se publicó en Bangkok, Tailandia, el libro *De la dictadura a la democracia,* del profesor estadounidense Gene Sharp (1928-2018), uno de los teóricos más reconocidos del mundo, sobre la importancia de la resistencia no violenta y sobre cómo desafiar y acabar con las dictaduras. Varios movimientos rebeldes y de resistencia en el planeta, incluyendo la llamada "Primavera Árabe", han utilizado sus estrategias y 198 métodos de acción no violenta para presionar a gobiernos autoritarios y cambiar regímenes dictatoriales. Lo interesante de su lectura es que el libro parece aplicarse perfectamente a la situación que vive actualmente Venezuela, a pesar de haber sido escrito varias décadas antes de la llegada de Maduro al poder.

Sharp asegura que las elecciones no son un instrumento de cambio significativo en una dictadura y que las negociaciones no son una forma realista de deshacerse de un tirano; que todas las dictaduras sufren de debilidades y que lo que tienen en común todos los regímenes tiránicos que han desaparecido fue el "desafío político" que le impusieron la población y las instituciones. No cooperar con la dictadura y no competir en el uso de la fuerza con el ejército y la policía es fundamental. Por el contrario, hay que forzarlos o convencerlos de que cambien de bando. Todo a través de métodos no violentos. Es preciso evitar la obediencia, la cooperación y la sumisión al dictador.

"Las dictaduras no son permanentes", escribió Sharp. "La liberación de una dictadura depende finalmente de la capacidad de la gente para liberarse a sí mismos."[12]

Y ese es el verdadero reto.

Venezuela será liberada por los venezolanos.

Todos los dictadores caen. Todos. Y Venezuela no será la excepción.

Pero ¿cuánta gente se necesita en una protesta para derrocar a un dictador? La politóloga de Harvard, Erica Chenoweth, calcula que se necesita, más o menos, que el 3.5 por ciento de la población de un país salga a protestar para acabar con una dictadura, según una entrevista que dio a la BBC.[13] También cree que un movimiento de protesta tiene el doble de posibilidades de tener éxito si no es violento. La violencia, dice, reduce el apoyo y simpatía de cualquier movimiento.

Pregunta: ¿cuántos venezolanos tendrían que salir a protestar pacíficamente a las calles para derrocar la dictadura de Nicolás Maduro? Con una población de 33 millones de habitantes[14] se necesitaría que un millón 155 mil venezolanos salieran a exigir la salida de Maduro —si nos basamos en el cálculo de Chenoweth.

Pero la realidad es que ha habido múltiples protestas pacíficas contra Maduro desde la muerte de Hugo Chávez en marzo del 2013. Seguramente más de un millón 155 mil venezolanos han salido a las calles. Y Maduro sigue en el poder. Entonces, ¿qué ha fallado en Venezuela? A los manifestantes los matan, los desaparecen, los encarcelan y los torturan. Eso es lo que ha pasado. Es un régimen brutalmente represivo.

Maduro, en la tercera década del siglo XXI, era el mandatario con más tiempo en el poder en todo el hemisferio después de Daniel Ortega de Nicaragua. Y parte de la culpa era, quizás, de Estados Unidos. "El espectro de un agresor extranjero ha ayudado a Maduro con el apoyo de los militares", escribió Francisco Rodríguez, director y fundador de la fundación Petróleo por Venezuela en la revista *Foreign Affairs*. "Y la creciente crisis económica solo ha incrementado el poder del Estado sobre los ciudadanos venezolanos."[15]

Esto explica lo difícil que es rebelarse en Venezuela, con los militares reprimiendo y el gobierno controlando el poco acceso a los alimentos. Este sistema ha permitido que la política de Estado se base en la constante violación a los derechos humanos. Así lo confirmó en el 2019 un informe de la Oficina del Alto Comisionado de las Naciones Unidas para los Derechos Humanos: "Especialmente desde el 2016 el gobierno venezolano y sus instituciones han puesto en marcha una estrategia orientada a neutralizar, reprimir y criminalizar a la oposición política y a quienes critican al gobierno".[16]

Maduro, por supuesto, ha rechazado todas las acusaciones. Como recordarán, en la entrevista en Caracas lo confronté con las declaraciones de Hugo Carvajal, su exjefe de inteligencia, quien había dicho sobre Maduro: "Tú has matado a cientos de jóvenes en las calles por reclamar los derechos que tú les robaste".[17] Maduro, molesto, me dijo que "en Venezuela hay un Estado de derecho", y remató: "Nadie puede pretender acusarme a mí de delitos que jamás he cometido."[18]

Bueno, dos extensos y detallados reportes de Naciones Unidas (del 2019 y 2020) claramente dan cuenta de los delitos cometidos por Maduro y concluyen que en Venezuela no hay un Estado de derecho. "El Poder Judicial se arrodilla ante el Ejecutivo que dirige absolutamente todo", cita el último informe.[19]

La comisión de Naciones Unidas dio 65 recomendaciones a la República Bolivariana de Venezuela para actuar con "responsabilidad y justicia para las víctimas", empezando por "realizar inmediatamente investigaciones rápidas, eficaces y exhaustivas."[20]

Retomo otras 10 recomendaciones:

Asegurar que las víctimas de violaciones graves a los derechos humanos y sus familiares reciban una reparación adecuada y con una perspectiva sensible al género, incluida una indemnización por el daño que hayan sufrido…

Derogar la "Ley contra el Odio" de la Asamblea Nacional Constituyente y cesar el enjuiciamiento penal en virtud a esta ley, incluso contra los disidentes políticos y periodistas.

Garantizar que ninguna persona sea arrestada o detenida excepto en cumplimiento de una orden judicial o en el acto de cometer un delito…

Velar por que los cargos penales se basen en pruebas sólidas y válidas obtenidas por medios lícitos y sin torturas, malos tratos o coacciones.

Prohibir que los militares acusados de violaciones de los derechos humanos sean juzgados por tribunales militares.

Acabar con las desapariciones forzadas y permitir que las personas detenidas informen inmediatamente a sus familiares u otras personas de su detención y su paradero…

Suspender a los miembros del Sebin (Servicio Bolivariano de Inteligencia), de la DGCIM (Dirección General de Contrainsurgencia Militar) o de cualquier otra institución del Estado mientras se les investiga por tortura.

Desmantelar las FAES (Fuerzas de Acciones Especiales) dado el alto número de ejecuciones extrajudiciales realizadas por esta fuerza policial desde su creación.

143

Cesar la colaboración con los colectivos y cualesquiera otros grupos armados que operen fuera de las estructuras de seguridad del Estado…

Cooperar plenamente con la labor futura de cualquier proceso que tenga un mandato del Consejo de Derechos Humanos…

Esto no va a ocurrir.

Un dictador nunca se investiga ni se controla a sí mismo. Entonces no queda más que seguir luchando y protestando desde dentro.

Desde fuera, la misma comisión de Naciones Unidas recomienda a la comunidad internacional "considerar la posibilidad de iniciar acciones legales contra los individuos responsables de las violaciones y los crímenes identificados en el presente informe".

Pero todo esto toma tiempo.

Más allá de la protección a los derechos humanos: ¿cómo promover un cambio en Venezuela? ¿Cómo sacar del poder al dictador?

La realidad es que las dictaduras, casi nunca, caen con votos. La naturaleza de todo dictador, como Maduro, es imponer su voluntad y quedarse en el poder lo más posible, utilizando todos los métodos, desde asesinato y tortura hasta fraude y corrupción.

La opción de una operación militar desde el exterior para sacar a Maduro está descartada. Donald Trump, falsamente, le hizo creer a una parte del exilio venezolano en Estados Unidos que esa era una alternativa al decir que todas las opciones estaban sobre la mesa. Pero, como todo lo que Trump hizo, lo dijo solo por beneficio personal y electoral. Al final, Trump perdió, se fue, y Maduro sigue en el poder.

Estados Unidos no va a invadir Venezuela. "Nunca fue la política de Estados Unidos hacer esto",[21] me dijo en una entrevista en junio del 2020 John Bolton, quien fue asesor nacional de seguridad del gobierno estadounidense. Esto coincide con las declaraciones hechas en marzo del mismo año por Elliott Abrams, el asesor para Venezuela del presidente Trump, de que la oposición no debería esperar soluciones milagrosas ni basadas en el "realismo mágico".

El costo humano y económico de la dictadura chavista ha sido altísimo. Pero, si la académica Erica Chenoweth tiene razón, los venezolanos tarde o temprano terminarán desde dentro con la dictadura de Maduro. Los números y la historia están de su lado.

La pregunta para Venezuela es ¿cómo salir de su laberinto?

Todo dictador cae.

Pero no lo hace solo.

Muchos tienen que empujarlo.

Posdata:
Contrapoder

> Debemos tomar partido. La neutralidad ayuda al opresor, nunca a la víctima. El silencio motiva al que atormenta, no al atormentado. Algunas veces debemos intervenir. Cuando las vidas humanas estén en peligro, cuando la dignidad humana corra riesgo, las fronteras y las sensibilidades se convierten en irrelevantes. Siempre que hombres y mujeres sean perseguidos por su raza, religión o por sus puntos de vista políticos, ahí —en ese momento— deben convertirse en el centro del universo.
>
> ELIE WIESEL[*]

Hay veces en que los periodistas no podemos ni debemos ser neutrales. De hecho, en ocasiones, hacer periodismo implica tomar partido. Como cuando entrevistas a un dictador. No es lo mismo entrevistar a un tirano que a una víctima de su tiranía. Son dos entrevistas totalmente distintas que obligan al reportero a modificar su punto de partida.

El dilema que tenía para hacer esta entrevista era muy claro. Me he pasado una buena parte de mi vida profesional diciendo que nuestra principal responsabilidad social como

---

[*] Pronunciado en su discurso al recibir el Premio Nobel de la Paz en 1986: https://www.goodreads.com/quotes/99574-we-must-take-sides-neutrality-helps-the-oppressor-never-the.

147

periodistas es cuestionar y retar a los que tienen el poder. Y cuando por fin tenía la oportunidad de entrevistar ampliamente a un dictador, no podía —por miedo, prudencia o buenos modales— cambiar ese mantra periodístico y hacerle preguntas fáciles. O tener una conversación amable. O dejarlo decir mentiras y hablar extensamente sin interrumpirlo o confrontar sus datos.

No podía.

Entiendo a los que no les gusta la manera en que entrevisto. Es cierto que a veces busco el conflicto y que interrumpo mucho. Lo que pasa es que no me gusta dejar hablar al entrevistador sin eco ni resistencia. Las entrevistas son entre dos personas o no es entrevista. Si desaparece el entrevistador entonces es mejor escuchar un discurso. Los reporteros no podemos ser el juguete o el micrófono del jefe. No somos grabadoras ni repetidoras. Los periodistas siempre debemos tomar una actitud activa frente a los entrevistados, no pasiva.

Los entrevistados más experimentados pueden evadir cualquier pregunta siguiendo una técnica que en inglés se llama *block and circle* (bloquea y dale la vuelta). Consiste, básicamente, en reconocer la pregunta que hace el entrevistador, decir que tú quieres hablar de otra cosa y saltar con destreza a un tema distinto, menos controversial. Los presidentes y la gente con poder suelen usar frecuentemente esta técnica para las entrevistas. Sobre todo aquellos que no están acostumbrados a que los cuestionen, los interrumpen o les lleven la contra.

El poder siempre se queja y se contorsiona cuando lo aprietas. Es como ponerle sal a un gusano.

Un buen entrevistado puede evadir una pregunta. Pero difícilmente puede aguantar una o dos repreguntas. Y casi nadie se sostiene o mantiene el balance cuando el entrevistador insiste con tres, cuatro o cinco repreguntas, demostrando su conocimiento sobre el tema y su intención de quedarse ahí hasta encontrar una respuesta.

Cada entrevista es distinta y toma caminos insospechados, como el aceite en el agua. Pero para mí hubiera sido imperdonable desaprovechar ese breve paréntesis histórico que me permitió ir a Venezuela a principios del 2019 y sumergirme hasta el mismo centro de la dictadura en un momento de crisis.

Y una vez ahí, había que hacer preguntas difíciles.

Para eso sirve el periodismo.

Los médicos salvan vidas, los ingenieros y arquitectos crean bellas estructuras y los periodistas hacemos preguntas difíciles a los que tienen el poder.

El español tiene una palabra maravillosa y perfecta que describe el lugar desde el cual debemos operar los periodistas: contrapoder. Los periodistas siempre debemos estar del otro lado del poder. No importa quién gobierne; nos toca estar al frente y del otro lado.

Si somos contrapoder nunca tendremos un problema ético o moral para justificar nuestro trabajo. De hecho, los problemas para los periodistas surgen cuando olvidamos que nuestro trabajo es ser contrapoder. Cuando el periodista hace el juego a los poderosos, cuando se convierte en amigo de los de arriba, cuando ríe de sus chistes y va a sus bodas y bautizos, comienzan los conflictos y las sospechas al trabajo periodístico. Ahí perdemos credibilidad. Y si nadie cree en lo que hacemos, de nada sirve nuestro trabajo.

Nuestra credibilidad se basa en la capacidad que demostremos para cuestionar y, en su caso, resistir ante los abusos del poder. Vengan de donde vengan.

En las escuelas de periodismo nos han enseñado, correctamente, que hay que reportar la realidad tal y como es, no como quisiéramos que fuera. Pero eso no significa que siempre debamos darles el mismo peso o importancia a dos puntos de vista contrarios y mantenernos neutrales.

Por eso, como lo he dicho en otras ocasiones, hay ciertos casos en que los periodistas debemos dejar a un lado la neutralidad y tomar partido. En casos de racismo, discriminación, corrupción, mentiras públicas, violación a los derechos humanos y dictaduras, los periodistas estamos obligados a tomar partido. Si nosotros no cuestionamos a quienes han abusado de su poder, ¿quién lo va a hacer?

En el caso particular del dictador Maduro era obvio que no podía mantenerme neutral. Él, en varias ocasiones, me pidió "ser un poco más equilibrado" o realizar "una entrevista con equilibrio". Pero si yo le hubiera hecho caso, en lugar de una entrevista, habríamos tenido una sesión de publicidad y de relaciones públicas.

Ante un dictador no se puede ser equilibrado.

No le puedes decir que es un asesino y que es responsable de violaciones a los derechos humanos, y luego dejar que se escape hablando de teorías de conspiración y culpando a otros de sus errores. En pocas palabras, no se puede ser balanceado ante un asesino y un torturador. Hay que ser contrapoder.

Es cierto que yo llegué a Caracas con una postura tomada. Llegué al Palacio de Miraflores convencido de que iba a entrevistar a un dictador que ha abusado terriblemente de su poder y que es responsable de miles de muertes. Y, al final, por su comportamiento, quedó absolutamente demostrado que sí lo era.

Quizás me equivoqué al pensar que un dictador no actuaría conmigo como un dictador solo por ser un periodista extranjero. Me amenazó al decirme que si yo fuera venezolano tendría que enfrentar la justicia por acusarlo de asesinato y tortura. Pero en ese momento de la entrevista, no tomé en serio la amenaza. Tal vez ese fue mi error.

Gracias a la rápida acción de mis compañeros de Univision en Miami y de los diplomáticos estadounidenses y mexicanos, nos soltaron luego de un par de horas de arresto en el Palacio de Miraflores. Pero muchas veces me he preguntado qué hubiera pasado si Twitter no se viera en Venezuela. La dictadura sintió la presión internacional a tuitazo limpio. Esa ventaja no la tienen los periodistas venezolanos.

Tras nuestro regreso a Miami me enteré de que la dictadura venezolana estaba considerando acusarnos de espionaje. Eso es absurdo. Pero sugería que el régimen se había arrepentido de soltarnos tan rápido y dejarnos ir del país. No debieron faltar las voces dentro del gobierno que hubieran preferido mantenernos por meses en una cárcel y enviarnos a un juicio sin posibilidad de defensa. Otros, por mucho menos, han tenido que pasar por eso.

Al final el dictador perdió.

Si su objetivo al aceptar la entrevista era demostrarle al mundo que no era un dictador, sino un gobernante injustamente atacado desde el exterior, se equivocó. Eso es precisamente lo que hacen los dictadores: censuran, roban, amenazan. Maduro quedó al descubierto por él mismo.

En esta época digital todo se sabe.

Nada se puede ocultar.

Un dictador es un dictador.

Notas

1. EL CAMIÓN DE BASURA NO FUE UN MONTAJE

1 https://archives.cjr.org/feature/rethinking_objectivity.php
2 https://www.youtube.com/watch?v=3-i2hpFDB-A; https://www.youtube.com/watch?v=MIo19QH2Dms.

2. "¡ESTA NO ES LA ENTREVISTA QUE AUTORIZAMOS!"

1 Simón Bolívar, discurso ante el Congreso de Angostura, 1819: https://chequeado.com/quien-lo-dijo/qld199/?option=com_content&view=article&id=1291:qld199&catid=46&Itemid=126.
2 https://cl.usembassy.gov/remarks-by-vice-president-pence-to-the-lima-group/.
3 https://www.cnnchile.com/mundo/univision-dice-que-el-periodista-jorge-ramos-estuvo-retenido-durante-una-entrevista-con-nicolas-maduro_20190225/.
4 https://twitter.com/dcoronell/status/1100234861086982144.
5 Tweet original: "™StateDept has received word the journalist @jorgeramosnews and his team are being held against their will at Miraflores Palace by Nicolas Maduro. We insist on their immediate release; the word is watching". https://deadline.com/2019/02/univisions-jorge-ramos-detained-after-venezuela-president-objects-to-questions-1202565243/.

3. LA LLEGADA AL PALACIO

1 Karen Stenner, *The Authoritarian Dynamic*, Nueva York, Cambridge University Press, 2005, p. 334.
2 https://elpais.com/internacional/2020-09-16/la-onu-acusa-al-gobierno-de-maduro-de-crimenes-contra-la-humanidad.html.
3 https://www.reuters.com/investigates/special-report/venezuela-politics-flores-es/.
4 https://elpais.com/politica/2020/01/26/actualidad/1580060803_338074.html.
5 https://www.ice.gov/most-wanted/el-aissami-maddah-tareck-zaidan.

4. LA PRIMERA PREGUNTA

[1] Cristina de Stefano, *La corresponsal*, Madrid, Aguilar, 2015, p. 266.
[2] https://provea.org/actualidad/coalicion-por-los-derechos-humanos-y-la-democra cia-informe-sobre-persecucion-politica/

5. CÓMO ROMPER LA DICTADURA

[1] Gene Sharp, *From Dictatorship to Democracy*, Nueva York, The New Press, 2002, p. 28.
[2] https://www.nytimes.com/es/2019/01/23/espanol/america-latina/venezuela-protestas-maduro-guaido.html.
[3] https://www.bbc.com/mundo/noticias-america-latina-46994029.
[4] https;//www.bbc.com/mundo/noticias-america-latina-40428553.
[5] https://www.infobae.com/america/agencias/2020/01/06/grupo-de-lima-recono ce-reeleccion-de-guaido-en-venezuela-mexico-y-argentina-se-abstienen/.
[6] https://foreignpolicy.com/2019/02/06/maduro-vs-guaido-a-global-scorecard-map-infographic/.
[7] Cincuenta y dos países apoyaron desde un principio la presidencia de Guaidó: Albania, Alemania, Andorra, Argentina, Australia, Austria, Bahamas, Bélgica, Brasil, Bulgaria, Canadá, Chile, Colombia, Costa Rica, Croacia, Dinamarca, Ecuador, Eslovenia, España, Estados Unidos, Estonia, Finlandia, Francia, Georgia, Guatemala, Haití, Honduras, Hungría, Islandia, Islas Marshall, Israel, Irlanda, Japón, Letonia, Lituania, Luxemburgo, Macedonia del Norte, Malta, Marruecos, Montenegro, Países Bajos, Panamá, Paraguay, Perú, Polonia, Portugal, Reino Unido, República Checa, República Dominicana, Rumania, Suecia y Ucrania.
[8] https://www.cnn.com/2019/01/23/politics/trump-juan-guaido-venezuela/index.html.
[9] https://www.infobae.com/america/venezuela/2019/01/23/donald-trump-afir mo-que-todas-las-opciones-estan-sobre-la-mesa-en-relacion-a-venezuela/.
[10] https://www.cnn.com/2019/01/23/politics/trump-juan-guaido-venezuela/index.html.
[11] Casa Blanca, Oficina de la Secretaría de Prensa, "Brackground Press Call by Senior Administration Officials on Venezuelan Interim President", 5 de febrero del 2019. "The United States being the first country to recognize him...the very real opportunity for this to be the first fully democratic region in human history...It has turned Venezuela into a narco state...In January 2019 we began a maximum pressure policy...our goal of an end to this dictatorship and a democratic transition in Venezuela...you will see some impactful measures within the next 30 days, which will be very important and further crippling on the regime."
[12] https://www.amnesty.org/en/latest/news/2019/02/venezuela-hunger-punish ment-and-fear-the-formula-for-repression-used-by-authorities-under-nicolas-maduro/
[13] https://www.iom.int/news/venezuelan-outflow-continues-unabated-population-abroad-now-stands-34-million

6. Muertes, torturas y fraudes: la ilegitimidad de Maduro

1 Nicolás Maquiavelo citado por Gene Sharp, *From Dictatorship to Democracy*, The New Press, Nueva York, 2002, p. 21 (*Discursos sobre la primera década de Tito Livio*).
2 https://observatoriodeviolencia.org.ve/news/informe-anual-de-violencia-2019/.
3 https://observatoriodeviolencia.org.ve/news/ovv-lacso-informe-anual-de-violen cia-2018/.
4 https://www.hrw.org/es/news/2019/01/09/venezuela-tortura-de-acusados-de-conspiracion.
5 https://www.eleconomistaamerica.com/salud-eAm/noticias/9698659/02/19/Una-ONG-cifra-en-989-los-presos-politicos-en-Venezuela-tras-las-nuevas-de tenciones.html.
6 https://www.ohchr.org/SP/HRBodies/HRC/Pages/NewsDetail.aspx?News ID=26247&LangID=S.
7 *Idem.*
8 https://www.ohchr.org/Documents/HRBodies/HRCouncil/FFMV/A_HRC_ 45_CRP.11_SP.pdf.
9 *Ibid.*, p. 414.
10 *Ibid.*, p. 3.
11 *Ibid.*, p. 417.
12 *Ibid.*, p. 420.
13 *Ibid.*, p. 345.
14 *Ibid.*, p. 399.
15 *Ibid.*, p. 406.
16 *Ibid.*, p. 193.
17 *Ibid.*, p. 194-195.
18 *Ibid.*, p. 358.
19 *Ibid.*, p. 383.
20 https://www.elnuevoherald.com/ultimas-noticias/article2023863.html.
21 https://www.bbc.com/mundo/noticias-america-latina-39522387.
22 https://www.bbc.com/mundo/noticias-america-latina-44192065.
23 https://www.smartmatic.com/us/media/article/smartmatic-announces-cease-of-operations-in-venezuela/.
24 https://www.bbc.com/mundo/noticias-america-latina-40804551.
25 https://www.youtube.com/watch?v=6vv2bXi-eOM.
26 *Idem.*
27 https://www.youtube.com/watch?v=qv5dAqSS0XU.

7. Los dictadores no hablan

1 https://www.hrw.org/es/news/2016/11/26/cuba-la-era-de-fidel-castro-marcada-por-la-represion.
2 https://elpais.com/internacional/2013/07/03/actualidad/1372858005_148429. html.
3 https://larepublica.pe/mundo/372378-hijastra-de-ortega-retira-demanda-en-cidh/.

[4] https://www.bbc.com/mundo/noticias-america-latina-47469155.

[5] https://elpais.com/internacional/2006/11/08/actualidad/1162940407_8502
15.html.

[6] Marie Arana, *Bolivar:. American Liberator*, Nueva York, Simon & Schuster, 2013,
p. 460.

[7] http://cw.routledge.com/textbooks/dawson/data/Carta_de_Jamaica_by_de_Si
mon_Bolivar.pdf.

[8] https://blogs.helsinki.fi/temashispanicos/?p=147

8. CÓMO RECUPERAMOS LO ROBADO

[1] Nuestra conversación fue editada y condensada.

[2] www.youtube.com/watch?v=jyEjYykTgB8.

10. PREGUNTAS PENDIENTES

[1] Timothy Snyder, *On Tyranny. Twenty Lessons from the Twentieth Century*, Nueva York,
Tim Duggan Books, 2017, p. 17.

[2] https://www.clasesdeperiodismo.com/2020/04/23/pregunten-manana-la-insoli
ta-respuesta-del-presidente-peruano-a-los-periodistas/.

[3] Cristina de Stefano, *Oriana Fallaci, the Journalist, the Agitator, the Legend*, Nueva
York, Other Press, 2013, p. 108.

[4] *Ibid.*, p. 167.

[5] https://www.aa.com.tr/es/pol%C3%ADtica/almagro-en-venezuela-y-nicaragua-
hay-cubanos-apoyando-la-tortura-de-personas/1332707.

[6] https://www.elmundo.es/internacional/2017/12/14/5a32e613ca474153378b46
16.html.

[7] https://www.france24.com/es/20181227-venezuela-muertes-violencia-homi
cidio-latinoamerica.

[8] https://www.voanoticias.com/venezuela/oea-revela-informe-preliminar-sobre-
migrantes-y-refugiados-de-venezuela.

11. DETENIDOS Y DEPORTADOS

[1] https://www.historyisaweapon.com/defcon1/zinnproblemobedience.html.

[2] https://www.bbc.com/news/world-latin-america-46864864.

[3] https://www.univision.com/noticias/america-latina/liberan-al-equipo-de-perio
distas-de-univision-que-fue-retenido-en-miraflores-por-maduro; https://twitter.
com/UniNoticias/status/1100217440909361152?ref_src=twsrc%5Etfw%7Ctwca
mp%5Etweetembed%7Ctwterm%5E1100221771012362246%7Ctwgr%5Eshare_3
&ref_url=about%3Asrcdoc.

[4] *Idem.*

[5] "@jorgeramosnews and his team are being held against their will at Miraflores
Palace by Nicolas Maduro. We insist on their immediate release; the world is

watching." https://www.buzzfeednews.com/article/salvadorhernandez/jorge-ra mos-univision-detained-venezuela-maduro..

[6] https://twitter.com/m_ebrard/status/1100213375919771653

[7] https://expansion.mx/mundo/2019/02/25/maduro-retiene-a-equipo-de-univision-encabezado-por-jorge-ramos.

[8] https://www.elfinanciero.com.mx/mundo/se-robaron-mi-trabajo-mi-trabajo-es-hacer-preguntas-jorge-ramos-tras-retencion-en-venezuela.

[9] https://www.bbc.com/mundo/47370349.

[10] *Idem.*

[11] https://cnnespanol.cnn.com/2019/02/25/univision-dice-que-el-periodista-jorge-ramos-estuvo-retenido-durante-una-entrevista-con-nicolas-maduro/.

[12] https://www.univision.com/noticias/america-latina/liberan-al-equipo-de-perio distas-de-univision-que-fue-retenido-en-miraflores-por-maduro.

[13] *Idem.*

[14] https://ve.usembassy.gov/emergency-notification-venezuela-unrest/.

[15] https://expansion.mx/mundo/2019/02/25/maduro-retiene-a-equipo-de-univi sion-encabezado-por-jorge-ramos.

[16] *Idem.*

[17] *"We're home. Thank you so much for all your support. It was felt when we needed it the most. Unfortunately, the Venezuelan regime has not returned our cameras, our video cards with the interview and my colleagues cell phones. (Mine was returned with everything deleted.)"Idem.*

12. VENEZUELA EN SU LABERINTO

[1] https://www.youtube.com/watch?v=LgJRPHIKOVc.

[2] https://www.facebook.com/317179665134793/posts/1566030263583054/.

[3] https://www.nytimes.com/2015/10/26/universal/es/venezuela-human-rights-opposition-leopoldo-lopez.html.

[4] https://cnnespanol.cnn.com/2017/07/08/tsj-leopoldo-lopez-sale-de-la-carcel-y-pasa-a-prision-domiciliaria/.

[5] https://www.dw.com/es/unión-europea-no-reconoce-presuntos-resultados-de-elecciones-parlamentarias-en-venezuela/a-55852621.

[6] https://elpais.com/internacional/2021-01-05/el-chavismo-retoma-la-asamblea-nacional-y-se-hace-con-el-control-de-todas-las-instituciones-de-venezuela.html.

[7] https://www.infobae.com/america/america-latina/2021/01/05/uruguay-y-co lombia-anunciaron-que-no-reconocen-la-ilegitima-asamblea-de-la-dictadura-venezolana-de-nicolas-maduro/.

[8] https://twitter.com/CRcancilleria/status/1346614615837388802/photo/1.

[9] https://twitter.com/jguaido/status/1346238168291487746.

[10] https://www.elnacional.com/gobierno/impuso-nuevas-sanciones-contra-funcio narios-del-gobierno-maduro_253136/.

[11] https://www.semana.com/mundo/articulo/por-que-el-gobierno-de-nicolas-ma duro-ordeno-a-policias-rodear-la-casa-de-juan-guaido/202129/.

[12] Gene Sharp, *From Dictatorship to Democracy*, The New Press, Nueva York, 2002, págs. 13, 24.

13 https://www.bbc.com/mundo/noticias-internacional-54217696.
14 https://countrymeters.info/es/Venezuela.
15 https://www.foreignaffairs.com/articles/venezuela/2020-10-09/united-states-helps-venezuelas-regime-survive.
16 https://www.ohchr.org/SP/NewsEvents/Pages/DisplayNews.aspx?NewsID=24788&LangID=S.
17 https://www.nytimes.com/2019/02/21/world/americas/hugo-carvajal-maduro-venezuela.html.
18 https://www.youtube.com/watch?v=AltUui558kE.
19 Consejo de Derechos Humanos de Naciones Unidas, "Conclusiones detalladas de la Misión internacional independiente de determinación de los hechos sobre la República Bolivariana de Venezuela", 15 de septiembre de 2020, pág. 47: https://www.ohchr.org/Documents/HRBodies/HRCouncil/FFMV/A_HRC_45_CRP.11_SP.pdf.
20 *Ibid.*, p. 438.
21 https://www.youtube.com/watch?v=rs12RFltotI&list=PL8EA82C693668A3FE&index=101.

Lista de prisioneros políticos en Venezuela

Durante la entrevista le presenté a Maduro una lista con los nombres de más de 400 presos políticos en Venezuela. Pero no la quiso recibir. "No, no me dejes nada que no me la voy a llevar", me dijo.

"Tú te llevas tu basurita." Y cuando insistí en que se trataba de personas encarceladas por su forma de pensar y por sus posiciones políticas, lanzó otra amenaza: "Agarra tu basurita, compadre… Vienes a provocarme. Te vas a tragar tu provocación… Te vas a tragar con una Coca-Cola tu provocación."

Esto me recordó la historia, nunca corroborada de manera independiente, en que el dictador Rafael Leónidas Trujillo, de República Dominicana, supuestamente le hizo tragar al periodista vasco, Jesús de Galíndez, una página de un libro o un artículo. Galíndez había ocasionado la furia del dictador dominicano al publicar que Ramfis no era en realidad su hijo biológico y que, por lo tanto, su esposa le había sido infiel. Galíndez desapareció en extrañísimas circunstancias de Nueva York en 1956. Algunas versiones sugieren que fue secuestrado, llevado a la República Dominicana ante la presencia del vengativo Trujillo y torturado. Nunca más se le volvió a ver.

En el Helicoide y en otras prisiones militares de la dictadura, Maduro ha hecho cosas mucho peores que obligar a comer sus artículos a un periodista crítico.

La no tan velada amenaza de Maduro de "tragarme mi provocación" era la segunda de la tarde. Antes me había dicho que, si fuera venezolano, tendría que enfrentar la justicia por acusarlo de asesinar a sus opositores políticos. Maduro no quería ver. Se había inventado su propia realidad, su propio sistema de justicia y sus propios datos.

La triste realidad es que en Venezuela sí hay presos políticos. La organización Foro Penal calculaba que al 31 de diciembre del 2020, previo a la publicación de este libro, había 351 presos políticos en Venezuela. Pero antes de mostrarles la lista que Foro Penal me envió para publicar, es preciso hacer algunas definiciones sobre quiénes son considerados prisioneros políticos.

Esta es la definición de "preso político" que incluyó en su reporte la Misión de Determinación de Hechos de la ONU sobre Venezuela en 2020*:

Según el Foro Penal, la noción de "preso político" se maneja considerando, primero, el concepto de "preso" en su sentido amplio, como "privado de libertad"; segundo, el carácter arbitrario de la privación de la libertad; y tercero, los fines políticos de la encarcelación arbitraria.

La persona arrestada (momento inicial) no es referida por el Foro Penal como un "preso" político, sino hasta que:

1) Surja una decisión formal de la autoridad judicial que ordene arbitrariamente su privación preventiva de la libertad.

---

* Misión de Determinación de Hechos de la ONU sobre Venezuela, septiembre del 2020, pág. 74: https://provea.org/sin-categoria/informe-de-la-mision-de-deter minacion-de-hechos-de-la-onu-para-venezuela/.

2) Cuando se venza el plazo máximo legal y constitucional (48 horas contadas a partir de su arresto o detención en Venezuela) sin que se le libere o sin que sea presentado ante la autoridad judicial competente.

3) En cualquier otro caso en el que a una persona le corresponda, por cualquier otra causa legal, su libertad (durante el proceso o después de condenado) y la misma le sea negada, demorada u obstaculizada de forma arbitraria.

En cuanto a la calificación de "política" de la persecución o privación arbitraria de la libertad, el Foro Penal la determina con base en el fin o los fines que evidencie la persecución o privación arbitraria de libertad. En tal sentido, los perseguidos y privados de libertad por motivos políticos son separados, según la finalidad específica que se persiga, en cinco categorías: exclusión, intimidación, propaganda, extracción y personal.

Las siguientes cinco categorías de perseguidos o prisioneros políticos son un resumen del libro *Manual de litigio estratégico. La lucha contra la represión política*, escrito por Gonzalo Himiob Santomé y Alfredo Romero Mendoza, los fundadores de Foro Penal.

Categoría 1 (EXCLUSIÓN): Aquellos perseguidos políticos por representar individualmente una amenaza política para el gobierno, por tratarse de líderes políticos o sociales. En estos casos el propósito de la persecución (asesinato, tortura o trato cruel, inhumano o degradante, desaparición forzada o privación de libertad) es excluir a la persona del mundo político, neutralizarla como factor crítico o de movilización social o política, aislándolo así del resto de la población.

161

Categoría 2 (INTIMIDACIÓN): Aquellas personas perseguidas no por representar una amenaza política individual para el régimen, sino por ser parte de un grupo social al cual es necesario intimidar o neutralizar. En estos casos se persigue a una o varias personas con el fin de intimidar al sector o grupo al cual pertenecen. En este grupo destacan estudiantes, defensores de derechos humanos, comunicadores, jueces, militares, activistas políticos, entre otros.

Categoría 3 (PROPAGANDA): Aquellas personas que, sin que el poder las considere una amenaza política de forma individual o como parte de un grupo social, son perseguidas para ser utilizadas por este para sustentar una propaganda, una campaña o una determinada narrativa política con respecto a determinadas situaciones de trascendencia nacional, con el objeto de evadir su propia responsabilidad en los fracasos de sus programas y políticas públicas.

Categoría 4 (EXTRACCIÓN): Aquellas personas que son perseguidas, regularmente privadas de libertad, con el fin de extraer información que permita la ubicación de otras personas perseguidas con fines políticos. Aquí encontramos como ejemplos los casos de privación de libertad de familiares o amigos de la persona que se pretende perseguir con el objeto de extraer información, en muchos casos bajo tortura, sobre el paradero de un perseguido político.

Categoría 5 (PERSONAL): Los PDP (Presos o Perseguidos del Poder) no son limitados en sus derechos para cumplir finalidades políticas, sino como expresiones de abuso de poder, personal y directo, de quienes ejercen funciones públicas y se prevalen de sus cargos y de la influencia política que tienen en las estructuras represivas para defender o hacer valer sus intereses personales o individuales. El interés que prevalece en estos casos no es político en el sentido colectivo que se atribuye a la noción, sino fundamentalmente personal.

Finalmente, aquí está la lista de los presos políticos en Venezuela, la razón y fecha de su captura y la cárcel o el lugar en donde se encuentran. Como se observa, no incluye —a propósito— el nombre de los prisioneros políticos. La razón es muy sencilla: hay que protegerlos a ellos y a sus familias de cualquier tipo de represalia por parte de la dictadura. Pero la lista se puede corroborar directamente con Foro Penal y en su sitio www.foropenal.com se puede leer sobre algunos casos concretos.

Esta es la lista que Maduro no quiso ver.

Presos políticos en Venezuela al 31 de diciembre del 2020

Preso #	Género	Civil o militar	Adoles-cente	Estatus	Estado	Centro de reclusión	Fecha de arresto	Motivo del arresto
1	Mujer	Civil	No	Privado de libertad	Mérida	Arresto domiciliario	17/12/2020	#14 Conspiración – Cat2
2	Hombre	Civil	No	Privado de libertad	Mérida	Destacamento GNB La Mata, Mérida	17/12/2020	#14 Conspiración – Cat2
3	Hombre	Civil	No	Privado de libertad	Anzoátegui	DGCIM Boleíta	18/11/2020	#29 Publicación en redes sociales y envío en plataformas de mensajería (WhatsApp)
4	Hombre	Civil	No	Privado de libertad	Distrito Capital	FAES La Quebradita	26/10/2020	#26 Extracción de información del entorno Dirigente político o Perseguido no Dirigente Político – Cat4
5	Hombre	Civil	No	Privado, sin judicializar	Zulia	DGCIM Boleíta	26/10/2020	#14 Conspiración – Cat2
6	Hombre	Civil	No	Privado de libertad	Cojedes	Arresto domiciliario	30/09/2020	#30 Manifestaciones y/o protestas - Cat2
7	Hombre	Civil	No	Privado de libertad	Cojedes	Sebin San Carlos	30/09/2020	#30 Manifestaciones y/o protestas - Cat2
8	Hombre	Civil	No	Privado de libertad, espera fiador	Cojedes	Comando GNB San Carlos	30/09/2020	#30 Manifestaciones y/o protestas - Cat2
9	Hombre	Civil	No	Privado de libertad	Cojedes	Arresto domiciliario	30/09/2020	#30 Manifestaciones y/o protestas - Cat2
10	Mujer	Civil	No	Privado de libertad	Cojedes	Arresto domiciliario	30/09/2020	#30 Manifestaciones y/o protestas - Cat2
11	Hombre	Civil	No	Privado de libertad	Cojedes	Sebin San Carlos	30/09/2020	#30 Manifestaciones y/o protestas - Cat2
12	Hombre	Civil	No	Privado, espera fiador	Cojedes	Comando GNB San Carlos	30/09/2020	#30 Manifestaciones y/o protestas - Cat2
13	Hombre	Civil	No	Privado de libertad	Cojedes	Arresto domiciliario	30/09/2020	#30 Manifestaciones y/o protestas - Cat2
14	Hombre	Civil	No	Privado, espera fiador	Cojedes	Comando GNB San Carlos	30/09/2020	#30 Manifestaciones y/o protestas - Cat2

15	Mujer	Civil	No	Privado, espera fiador	Cojedes	Comando GNB San Carlos	30/09/2020	#30 Manifestaciones y/o protestas - Cat2
16	Hombre	Civil	No	Privado de libertad	Yaracuy	Destacamento 45 GNB Nirgua	28/09/2020	#30 Manifestaciones y/o protestas - Cat2
17	Hombre	Civil	No	Privado, espera fiador	Aragua	Comandancia DIEP Aragua	26/09/2020	#29 Publicación en redes sociales y envío en plataformas de mensajería (WhatsApp)
18	Hombre	Civil	No	Privado de libertad	Yaracuy	Comandancia PNB La Patria- San Felipe	26/09/2020	#30 Manifestaciones y/o protestas - Cat2
19	Hombre	Civil	No	Privado de libertad	Yaracuy	Comandancia PNB La Patria- San Felipe	26/09/2020	#30 Manifestaciones y/o protestas - Cat2
20	Hombre	Civil	No	Privado de libertad	Yaracuy	Comandancia PNB La Patria- San Felipe	26/09/2020	#30 Manifestaciones y/o protestas - Cat2
21	Hombre	Civil	No	Privado de libertad	Yaracuy	Comandancia PNB La Patria- San Felipe	26/09/2020	#30 Manifestaciones y/o protestas - Cat2
22	Hombre	Civil	No	Privado de libertad	Yaracuy	Patrulleros	26/09/2020	#30 Manifestaciones y/o protestas - Cat2
23	Hombre	Civil	No	Privado de libertad	Yaracuy	Comandancia PNB La Patria- San Felipe	25/09/2020	#30 Manifestaciones y/o protestas - Cat2
24	Hombre	Civil	No	Privado de libertad	Yaracuy	Comandancia PNB La Patria- San Felipe	25/09/2020	#30 Manifestaciones y/o protestas - Cat2
25	Hombre	Civil	No	Privado de libertad	Yaracuy	Comandancia PNB La Patria- San Felipe	25/09/2020	#30 Manifestaciones y/o protestas - Cat2
26	Hombre	Civil	No	Privado de libertad	Yaracuy	Comandancia PNB La Patria- San Felipe	25/09/2020	#30 Manifestaciones y/o protestas - Cat2
27	Hombre	Civil	No	Privado de libertad	Yaracuy	Comandancia PNB La Patria- San Felipe	25/09/2020	#30 Manifestaciones y/o protestas - Cat2
28	Hombre	Civil	No	Privado de libertad	Yaracuy	Comandancia PNB La Patria- San Felipe	25/09/2020	#30 Manifestaciones y/o protestas - Cat2

Preso #	Género	Civil o militar	Adoles-cente	Estatus	Estado	Centro de reclusión	Fecha de arresto	Motivo del arresto
29	Hombre	Civil	No	Privado de libertad	Yaracuy	Comandancia PNB La Patria-San Felipe	25/09/2020	#30 Manifestaciones y/o protestas - Cat2
30	Hombre	Civil	No	Privado de libertad	Falcón	DGCIM Boleíta	09/09/2020	#14 Conspiración - Cat2
31	Hombre	Civil	No	Privado de libertad	Falcón	DGCIM Boleíta	09/09/2020	#14 Conspiración - Cat2
32	Hombre	Militar	No	Privado de libertad	Falcón	DGCIM Boleíta	09/09/2020	#14 Conspiración - Cat2
33	Hombre	Civil	No	Privado de libertad	Mérida	Arresto domiciliario	04/09/2020	#29 Publicación en redes sociales y envío en plataformas de mensajería (WhatsApp)
34	Mujer	Civil	No	Privado de libertad	Nueva Esparta	FAES Nueva Esparta	13/08/2020	#30 Manifestaciones y/o protestas - Cat2
35	Hombre	Civil	No	Privado de libertad	Nueva Esparta	FAES Nueva Esparta	13/08/2020	#30 Manifestaciones y/o protestas - Cat2
36	Hombre	Civil	No	Privado de libertad	Nueva Esparta	FAES Nueva Esparta	13/08/2020	#30 Manifestaciones y/o protestas - Cat2
37	Hombre	Civil	No	Privado de libertad	Nueva Esparta	FAES Nueva Esparta	13/08/2020	#30 Manifestaciones y/o protestas - Cat2
38	Hombre	Civil	No	Privado de libertad	Nueva Esparta	FAES Nueva Esparta	13/08/2020	#30 Manifestaciones y/o protestas - Cat2
39	Hombre	Civil	No	Privado de libertad	Nueva Esparta	FAES Nueva Esparta	13/08/2020	#30 Manifestaciones y/o protestas - Cat2
40	Hombre	Civil	No	Privado de libertad	Distrito Capital	Arresto domiciliario	25/06/2020	#29 Publicación en redes sociales y envío en plataformas de mensajería (WhatsApp)
41	Hombre	Civil	No	Privado de libertad	Zulia	Arresto domiciliario	25/05/2020	#30 Manifestaciones y/o protestas - Cat2
42	Hombre	Civil	No	Privado de libertad	Zulia	Arresto domiciliario	25/05/2020	#30 Manifestaciones y/o protestas - Cat2
43	Hombre	Civil	No	Privado de libertad	Zulia	Arresto domiciliario	25/05/2020	#30 Manifestaciones y/o protestas - Cat2
44	Mujer	Civil	No	Privado de libertad	Zulia	Arresto domiciliario	25/05/2020	#30 Manifestaciones y/o protestas - Cat2
45	Mujer	Civil	No	Privado de libertad	Zulia	Arresto domiciliario	25/05/2020	#30 Manifestaciones y/o protestas - Cat2
46	Hombre	Civil	No	Privado de libertad	Zulia	Arresto domiciliario	25/05/2020	#30 Manifestaciones y/o protestas - Cat2

47	Hombre	Civil	No	Privado de libertad	Zulia	Arresto domiciliario	25/05/2020	#30 Manifestaciones y/o protestas - Cat2
48	Mujer	Civil	No	Privado de libertad	Zulia	Arresto domiciliario	25/05/2020	#30 Manifestaciones y/o protestas - Cat2
49	Hombre	Civil	No	Privado de libertad	Zulia	Arresto domiciliario	25/05/2020	#30 Manifestaciones y/o protestas - Cat2
50	Hombre	Civil	No	Privado de libertad	Zulia	Arresto domiciliario	25/05/2020	#30 Manifestaciones y/o protestas - Cat2
51	Hombre	Civil	No	Privado de libertad	Zulia	Arresto domiciliario	25/05/2020	#30 Manifestaciones y/o protestas - Cat2
52	Hombre	Civil	No	Privado de libertad	Zulia	Arresto domiciliario	25/05/2020	#30 Manifestaciones y/o protestas - Cat2
53	Hombre	Civil	No	Privado de libertad	Zulia	Arresto domiciliario	25/05/2020	#30 Manifestaciones y/o protestas - Cat2
54	Hombre	Civil	No	Privado de libertad	Zulia	Arresto domiciliario	25/05/2020	#30 Manifestaciones y/o protestas - Cat2
55	Hombre	Civil	No	Privado de libertad	Zulia	Arresto domiciliario	25/05/2020	#30 Manifestaciones y/o protestas - Cat2
56	Mujer	Civil	No	Privado de libertad	Zulia	Arresto domiciliario	25/05/2020	#30 Manifestaciones y/o protestas - Cat2
57	Mujer	Civil	No	Privado de libertad	Zulia	Arresto domiciliario	25/05/2020	#30 Manifestaciones y/o protestas - Cat2
58	Hombre	Civil	No	Privado de libertad	Zulia	Arresto domiciliario	25/05/2020	#30 Manifestaciones y/o protestas - Cat2
59	Hombre	Civil	No	Privado de libertad	Zulia	Arresto domiciliario	25/05/2020	#30 Manifestaciones y/o protestas - Cat2
60	Hombre	Civil	No	Privado de libertad	Zulia	Arresto domiciliario	25/05/2020	#30 Manifestaciones y/o protestas - Cat2
61	Hombre	Civil	No	Privado de libertad	Zulia	Arresto domiciliario	25/05/2020	#30 Manifestaciones y/o protestas - Cat2
62	Hombre	Civil	No	Privado de libertad	Zulia	Arresto domiciliario	25/05/2020	#30 Manifestaciones y/o protestas - Cat2
63	Hombre	Civil	No	Privado de libertad	Zulia	Arresto domiciliario	25/05/2020	#30 Manifestaciones y/o protestas - Cat2
64	Mujer	Civil	No	Privado de libertad	Zulia	Arresto domiciliario	25/05/2020	#30 Manifestaciones y/o protestas - Cat2
65	Hombre	Civil	No	Privado de libertad	Zulia	Arresto domiciliario	25/05/2020	#30 Manifestaciones y/o protestas - Cat2
66	Hombre	Civil	No	Privado de libertad	Aragua	Centro de Coordinación Policial	21/05/2020	#30 Manifestaciones y/o protestas - Cat2

Preso #	Género	Civil o militar	Adolescente	Estatus	Estado	Centro de reclusión	Fecha de arresto	Motivo del arresto
67	Hombre	Civil	No	Privado de libertad	Zulia	Arresto domiciliario	21/05/2020	#30 Manifestaciones y/o protestas - Cat2
68	Hombre	Civil	No	Privado de libertad	Zulia	Arresto domiciliario	21/05/2020	#30 Manifestaciones y/o protestas - Cat2
69	Hombre	Civil	No	Privado de libertad	Zulia	Arresto domiciliario	21/05/2020	#30 Manifestaciones y/o protestas - Cat2
70	Mujer	Civil	No	Privado de libertad	Zulia	Arresto domiciliario	21/05/2020	#30 Manifestaciones y/o protestas - Cat2
71	Hombre	Civil	No	Privado de libertad	Zulia	Arresto domiciliario	21/05/2020	#30 Manifestaciones y/o protestas - Cat2
72	Hombre	Civil	No	Privado de libertad	Zulia	Arresto domiciliario	21/05/2020	#30 Manifestaciones y/o protestas - Cat2
73	Hombre	Civil	No	Privado de libertad	Zulia	Arresto domiciliario	21/05/2020	#30 Manifestaciones y/o protestas - Cat2
74	Hombre	Civil	No	Privado de libertad	Zulia	Arresto domiciliario	21/05/2020	#30 Manifestaciones y/o protestas - Cat2
75	Hombre	Civil	No	Privado de libertad	Zulia	Arresto domiciliario	21/05/2020	#30 Manifestaciones y/o protestas - Cat2
76	Hombre	Civil	No	Privado de libertad	Zulia	Arresto domiciliario	20/05/2020	#30 Manifestaciones y/o protestas - Cat2
77	Hombre	Civil	No	Privado de libertad	Zulia	Arresto domiciliario	20/05/2020	#30 Manifestaciones y/o protestas - Cat2
78	Hombre	Civil	No	Privado de libertad	Zulia	Arresto domiciliario	20/05/2020	#30 Manifestaciones y/o protestas - Cat2
79	Hombre	Civil	No	Privado de libertad	Zulia	Arresto domiciliario	20/05/2020	#30 Manifestaciones y/o protestas - Cat2
80	Hombre	Civil	No	Privado de libertad	Lara	Comandancia General Policía del Estado	10/05/2020	#30 Manifestaciones y/o protestas - Cat2
81	Hombre	Civil	No	Privado de libertad	Lara	Comandancia General Policía del Estado	10/05/2020	#30 Manifestaciones y/o protestas - Cat2
82	Hombre	Civil	No	Privado de libertad	Lara	Comandancia General Policía del Estado	10/05/2020	#30 Manifestaciones y/o protestas - Cat2
83	Hombre	Civil	No	Privado de libertad	Lara	Destacamento 122 GNB (Carora)	10/05/2020	#30 Manifestaciones y/o protestas - Cat2

#	Sexo	Condición		Situación	Estado	Lugar	Fecha	Categoría
84	Hombre	Civil	No	Privado de libertad	Lara	Arresto domiciliario	09/05/2020	#30 Manifestaciones y/o protestas - Cat2
85	Hombre	Civil	Sí	Privado de libertad	Barinas	Arresto domiciliario	28/04/2020	#30 Manifestaciones y/o protestas - Cat2
86	Hombre	Civil	No	Privado de libertad	Barinas	Arresto domiciliario	28/04/2020	#30 Manifestaciones y/o protestas - Cat2
87	Hombre	Policía retirado	No	Privado de libertad	Carabobo	DGCIM Boleta	28/04/2020	#22 Justificación de acciones políticas gubernamentales - Cat3
88	Hombre	Civil	No	Privado de libertad	Barinas	Arresto domiciliario	28/04/2020	#30 Manifestaciones y/o protestas - Cat2
89	Mujer	Civil	No	Privado de libertad	Barinas	Arresto domiciliario	28/04/2020	#30 Manifestaciones y/o protestas - Cat2
90	Hombre	Civil	No	Privado de libertad	Barinas	Sede del CICPC Barinas	27/04/2020	#29 Publicación en redes sociales y envío en plataformas de mensajería (WhatsApp)
91	Hombre	Civil	No	Privado de libertad	Aragua	Poliaragua	27/04/2020	#30 Manifestaciones y/o protestas - Cat2
92	Hombre	Militar retirado	No	Privado, sin judicializar	Miranda	DGCIM Boleta	25/04/2020	#22 Justificación de acciones políticas gubernamentales - Cat3
93	Mujer	Civil	No	Privado de libertad	Miranda	DGCIM Boleta	25/04/2020	#26 Extracción de información del entorno Dirigente Político o Perseguido no Dirigente Político - Cat4
94	Mujer	Civil	No	Privado de libertad	Miranda	DGCIM Boleta	25/04/2020	#26 Extracción de información del entorno Dirigente Político o Perseguido no Dirigente Político - Cat4
95	Hombre	Militar retirado	No	Privado, sin judicializar	Distrito Capital	DGCIM Boleta	25/04/2020	#28 Rebelión - Cat2
96	Hombre	Militar	No	Privado de libertad	Distrito Capital	DGCIM Boleta	21/04/2020	#28 Rebelión - Cat2
97	Hombre	Militar retirado	No	Privado, sin judicializar	Carabobo	DGCIM Boleta	20/04/2020	#28 Rebelión - Cat2
98	Hombre	Civil	No	Privado, sin judicializar	Miranda	DGCIM Boleta	20/04/2020	#14 Conspiración - Cat2
99	Mujer	Civil	No	Privado de libertad	Carabobo	DGCIM Boleta	20/04/2020	#26 Extracción de información del entorno Dirigente Político o Perseguido no Dirigente Político - Cat4

Preso #	Género	Civil o militar	Adoles-cente	Estatus	Estado	Centro de reclusión	Fecha de arresto	Motivo del arresto
100	Hombre	Militar	No	Privado de libertad	Miranda	DGCIM Boleita	20/04/2020	#28 Rebelión – Cat2
101	Mujer	Civil	No	Privado de libertad	Carabobo	DGCIM Boleita	20/04/2020	#26 Extracción de información del entorno Dirigente Político o Perseguido no Dirigente Político – Cat4
102	Hombre	Civil	No	Privado, sin judicializar	Miranda	DGCIM Boleita	20/04/2020	#22 Justificación de acciones políticas gubernamentales – Cat3
103	Hombre	Militar	No	Privado, sin judicializar	Distrito Capital	DGCIM Boleita	20/04/2020	#22 Justificación de acciones políticas gubernamentales – Cat3
104	Hombre	Militar retirado	No	Privado, sin judicializar	Miranda	DGCIM Boleita	20/04/2020	#28 Rebelión – Cat2
105	Hombre	Militar retirado	No	Privado, sin judicializar	Miranda	DGCIM Boleita	20/04/2020	#22 Justificación de acciones políticas gubernamentales – Cat3
106	Hombre	Militar retirado	No	Privado, sin judicializar	Miranda	DGCIM Boleita	20/04/2020	#22 Justificación de acciones políticas gubernamentales – Cat3
107	Hombre	Civil	No	Privado de libertad	Falcón	Sede del CICPC	19/04/2020	#29 Publicación en redes sociales y envío en plataformas de mensajería (WhatsApp)
108	Hombre	Civil	No	Privado de libertad	Yaracuy	Arresto domiciliario	18/04/2020	#29 Publicación en redes sociales y envío en plataformas de mensajería (WhatsApp)
109	Hombre	Civil	No	Privado de libertad	Barinas	Desur GNB Barinas	17/04/2020	#29 Publicación en redes sociales y envío en plataformas de mensajería (WhatsApp)
110	Hombre	Civil	No	Privado de libertad	Monagas	Arresto domiciliario	16/04/2020	#23 Dirigentes políticos - Cat1
111	Hombre	Civil	No	Privado de libertad	Monagas	Arresto domiciliario	16/04/2020	#23 Dirigentes políticos - Cat1
112	Mujer	Civil	No	Privado de libertad	Monagas	Destacamento 51 GNB Maturín	16/04/2020	#23 Dirigentes políticos - Cat1

#	Género	Condición		Situación	Estado	Lugar de reclusión	Fecha	Cargos
113	Hombre	Militar retirado	No	Privado de libertad, a juicio	Táchira	Cárcel de Santa Ana (Centro Penitenciario de Occidente) Procemil	16/04/2020	#28 Rebelión – Cat2
114	Hombre	Civil	No	Privado de libertad	Táchira	FAES Plaza Vzla–San Cristóbal	14/04/2020	#29 Publicación en redes sociales y envío en plataformas de mensajería (WhatsApp)
115	Hombre	Civil	No	Privado de libertad	Zulia	FAES La Quebradita	08/04/2020	#22 Justificación de acciones políticas gubernamentales – Cat3
116	Mujer	Civil	No	Privado de libertad	Táchira	FAES Plaza Vzla–San Cristóbal	07/04/2020	#29 Publicación en redes sociales y envío en plataformas de mensajería (WhatsApp)
117	Hombre	Civil	No	Privado de libertad	Zulia	Comandancia Policía del Estado	06/04/2020	#29 Publicación en redes sociales y envío en plataformas de mensajería (WhatsApp)
118	Hombre	Civil	No	Privado de libertad	Distrito Capital	DGCIM Boleíta	19/03/2020	#26 Extracción de información del entorno Dirigente Político o Perseguido no Dirigente Político – Cat4
119	Hombre	Militar	No	Privado de libertad	Distrito Capital	DGCIM Boleíta	18/03/2020	#28 Rebelión – Cat2
120	Hombre	Civil	No	Privado de libertad	Monagas	Arresto domiciliario	17/03/2020	#29 Publicación en redes sociales y envío en plataformas de mensajería (WhatsApp)
121	Hombre	Civil	No	Privado de libertad	Distrito Capital	DGCIM Boleíta	17/03/2020	#22 Justificación de acciones políticas gubernamentales – Cat3
122	Hombre	Policía retirado	No	Privado de libertad	Distrito Capital	PNB Boleíta Zona 7	12/03/2020	#14 Conspiración – Cat2
123	Hombre	Militar retirado	No	Privado de libertad	Zulia	Dirección General de Contrainteligencia Militar (DGCIM)	11/03/2020	#22 Justificación de acciones políticas gubernamentales – Cat3
124	Hombre	Civil	No	Privado de libertad	Vargas	Arresto domiciliario	11/03/2020	#26 Extracción de información del entorno Dirigente Político o Perseguido no Dirigente Político – Cat4

Preso #	Género	Civil o militar	Adoles-cente	Estatus	Estado	Centro de reclusión	Fecha de arresto	Motivo del arresto
125	Hombre	Civil	No	Privado de libertad	Anzoátegui	Comandancia Municipal de Guanta	07/02/2020	#29 Publicación en redes sociales y envío en plataformas de mensajería (WhatsApp)
126	Hombre	Civil	No	Privado de libertad	Aragua	Comando Policía José Félix Rivas	20/01/2020	#30 Manifestaciones y/o protestas - Cat2
127	Hombre	Militar	No	Privado de libertad	Táchira	Ramo Verde (Centro Nacional de Procesados Militares, Cenapromil)	09/01/2020	#28 Rebelión - Cat2
128	Hombre	Militar retirado	No	Privado de libertad	Zulia	Ramo Verde (Centro Nacional de Procesados Militares, Cenapromil)	07/01/2020	#28 Rebelión - Cat2
129	Hombre	Civil	Sí	Privado de libertad	Bolívar	Entidad de Atención al Adolescente de Coche	02/01/2020	#28 Rebelión - Cat2
130	Hombre	Civil	No	Privado de libertad	Bolívar	Internado Judicial Rodeo II	07/01/2020	#28 Rebelión - Cat2
131	Hombre	Civil	No	Privado de libertad	Bolívar	Internado Judicial Rodeo II	29/12/2019	#28 Rebelión - Cat2
132	Hombre	Civil	No	Privado de libertad	Bolívar	Internado Judicial Rodeo II	28/12/2019	#28 Rebelión - Cat2
133	Hombre	Civil	No	Privado de libertad	Bolívar	Internado Judicial Rodeo II	28/12/2019	#28 Rebelión - Cat2
134	Hombre	Civil	No	Privado de libertad	Bolívar	Internado Judicial Rodeo II	28/12/2019	#28 Rebelión - Cat2
135	Hombre	Civil	No	Privado de libertad	Bolívar	Internado Judicial Rodeo II	26/12/2019	#28 Rebelión - Cat2
136	Hombre	Civil	No	Privado de libertad	Bolívar	Internado Judicial Rodeo II	26/12/2019	#28 Rebelión - Cat2
137	Hombre	Civil	No	Privado de libertad	Bolívar	Internado Judicial Rodeo II	25/12/2019	#28 Rebelión - Cat2
138	Hombre	Civil	No	Privado de libertad	Bolívar	Internado Judicial Rodeo II	25/12/2019	#28 Rebelión - Cat2
139	Hombre	Civil	No	Privado de libertad	Bolívar	Internado Judicial Rodeo II	24/12/2019	#28 Rebelión - Cat2
140	Hombre	Civil	No	Privado de libertad	Bolívar	Internado Judicial Rodeo II	23/12/2019	#28 Rebelión - Cat2

#	Sexo	Condición		Situación	Estado	Lugar de reclusión	Fecha	Cargo
141	Hombre	Civil	No	Privado de libertad	Bolívar	Internado Judicial Rodeo II	22/12/2019	#28 Rebelión – Cat2
142	Hombre	Civil	No	Privado de libertad	Bolívar	Internado Judicial Rodeo II	22/12/2019	#28 Rebelión – Cat2
143	Hombre	Civil	No	Privado de libertad	Bolívar	Internado Judicial Rodeo II	22/12/2019	#28 Rebelión – Cat2
144	Hombre	Civil	No	Privado de libertad	Bolívar	Internado Judicial Rodeo II	22/12/2019	#28 Rebelión – Cat2
145	Hombre	Civil	No	Privado de libertad	Bolívar	Internado Judicial Rodeo II	22/12/2019	#28 Rebelión – Cat2
146	Hombre	Civil	No	Privado de libertad	Bolívar	Internado Judicial Rodeo II	22/12/2019	#28 Rebelión – Cat2
147	Hombre	Civil	No	Privado de libertad	Bolívar	Internado Judicial Rodeo II	22/12/2019	#28 Rebelión – Cat2
148	Hombre	Civil	No	Privado de libertad	Bolívar	Internado Judicial Rodeo II	22/12/2019	#28 Rebelión – Cat2
149	Hombre	Civil	No	Privado de libertad	Bolívar	Internado Judicial Rodeo II	22/12/2019	#28 Rebelión – Cat2
150	Hombre	Policía retirado	No	Privado de libertad	Táchira	Internado Judicial Rodeo II	13/12/2019	#22 Justificación de acciones políticas gubernamentales – Cat3
151	Hombre	Civil	No	Privado de libertad	Distrito Capital	DGCIM Boleíta	04/12/2019	#26 Extracción de información del entorno Dirigente Político o Perseguido no Dirigente Político – Cat4
152	Hombre	Militar	No	Privado de libertad	Barinas	Cárcel de Santa Ana (Centro Penitenciario de Occidente, Procemil)	12/10/2019	#28 Rebelión – Cat2
153	Hombre		No	Privado de libertad	Aragua	DGCIM Boleíta	02/10/2019	#22 Justificación de acciones políticas gubernamentales – Cat3
154	Hombre	Militar retirado	No	Privado de libertad	Distrito Capital	DGCIM Boleíta	02/10/2019	#22 Justificación de acciones políticas gubernamentales – Cat3
155	Mujer	Civil	No	Privado de libertad, a juicio	Aragua	DGCIM Boleíta	02/10/2019	#14 Conspiración – Cat2
156	Hombre	Civil	No	Privado de libertad	Miranda	Ramo Verde (Centro Nacional de Procesados Militares, Cenapromil)	23/09/2019	#28 Rebelión – Cat2

Preso #	Género	Civil o militar	Adoles-cente	Estatus	Estado	Centro de reclusión	Fecha de arresto	Motivo del arresto
157	Hombre	Civil	No	Privado de libertad	Distrito Capital	Sebin-Helicoide	16/08/2019	#26 Extracción de información del entorno Dirigente Político o Perseguido no Dirigente Político - Cat4
158	Hombre	Militar retirado	No	Privado de libertad, a juicio	Barinas	Ramo Verde (Centro Nacional de Procesados Militares, Cenapromil)	26/06/2019	#22 Justificación de acciones políticas gubernamentales - Cat3
159	Hombre	Militar	No	Privado de libertad, a juicio	Miranda	DGCIM Boleíta	21/06/2019	#28 Rebelión - Cat2
160	Hombre	Militar	No	Privado de libertad, a juicio	Vargas	Ramo Verde (Centro Nacional de Procesados Militares, Cenapromil)	21/06/2019	#28 Rebelión - Cat2
161	Hombre	Civil	No	Privado de libertad, a juicio	Mérida	Ramo Verde (Centro Nacional de Procesados Militares, Cenapromil)	21/06/2019	#14 Conspiración – Cat2
162	Hombre	Militar retirado	No	Privado de libertad, a juicio	Distrito Capital	Ramo Verde (Centro Nacional de Procesados Militares, Cenapromil)	21/06/2019	#22 Justificación de acciones políticas gubernamentales - Cat3
163	Hombre	Civil	No	Privado de libertad, a juicio	Miranda	Ramo Verde (Centro Nacional de Procesados Militares, Cenapromil)	21/06/2019	#14 Conspiración – Cat2
164	Hombre	Civil	No	Privado de libertad, a juicio	Distrito Capital	Policía Militar (Fuerte Tiuna)	21/06/2019	#28 Rebelión - Cat2
165	Hombre	Militar retirado	No	Privado de libertad	Táchira	Ramo Verde (Centro Nacional de Procesados Militares, Cenapromil)	17/05/2019	#28 Rebelión - Cat2
166	Hombre	Militar	No	Privado de libertad	Distrito Capital	Centro de Formación Hombre Nuevo "El Libertador"	16/05/2019	#28 Rebelión - Cat2

#	Sexo	Tipo		Estatus	Estado	Lugar de reclusión	Fecha	Categoría
167	Mujer	Militar	No	Privado de libertad	Carabobo	Instituto Nacional de Orientación Femenina (INOF)	14/05/2019	#28 Rebelión - Cat2
168	Hombre	Militar	No	Privado de libertad	Carabobo	Centro de Formación Hombre Nuevo "El Libertador"	08/05/2019	#28 Rebelión - Cat2
169	Hombre	Militar	No	Privado de libertad	Portuguesa	Ramo Verde (Centro Nacional de Procesados Militares, Cenapromil)	08/05/2019	#28 Rebelión - Cat2
170	Hombre	Civil	No	Privado de libertad	Aragua	Arresto domiciliario	03/05/2019	#30 Manifestaciones y/o protestas - Cat2
171	Hombre	Civil	No	Privado de libertad	Aragua	Arresto domiciliario	03/05/2019	#30 Manifestaciones y/o protestas - Cat2
172	Hombre	Militar	No	Privado de libertad	Aragua	Ramo Verde (Centro Nacional de Procesados Militares, Cenapromil)	01/05/2019	#22 Justificación de acciones políticas gubernamentales - Cat3
173	Hombre	Militar	No	Privado de libertad	Distrito Capital	Ramo Verde (Centro Nacional de Procesados Militares, Cenapromil)	01/05/2019	#28 Rebelión - Cat2
174	Hombre	Militar	No	Privado de libertad	Distrito Capital	Ramo Verde (Centro Nacional de Procesados Militares, Cenapromil)	01/05/2019	#28 Rebelión - Cat2
175	Hombre	Militar	No	Privado de libertad	Distrito Capital	Ramo Verde (Centro Nacional de Procesados Militares, Cenapromil)	30/04/2019	#28 Rebelión - Cat2
176	Hombre	Civil	No	Privado de libertad	Lara	Destacamento 123 La Montañita Barquisimeto	30/04/2019	#30 Manifestaciones y/o protestas - Cat2
177	Hombre	Civil	No	Privado de libertad	Lara	Destacamento 123 La Montañita Barquisimeto	30/04/2019	#30 Manifestaciones y/o protestas - Cat2

Preso #	Género	Civil o militar	Adoles-cente	Estatus	Estado	Centro de reclusión	Fecha de arresto	Motivo del arresto
178	Hombre	Civil	No	Privado de libertad	Miranda	Comandancia Policía Municipal (Simón Bolívar)	30/04/2019	#30 Manifestaciones y/o protestas - Cat2
179	Hombre	Civil	No	Privado de libertad	Miranda	Comandancia Policía Municipal (Simón Bolívar)	30/04/2019	#30 Manifestaciones y/o protestas - Cat2
180	Hombre	Militar	No	Privado de libertad	Distrito Capital	Ramo Verde (Centro Nacional de Procesados Militares, Cenapromil)	30/04/2019	#28 Rebelión - Cat2
181	Hombre	Militar	No	Privado de libertad, a juicio	Aragua	Ramo Verde (Centro Nacional de Procesados Militares, Cenapromil)	30/04/2019	#28 Rebelión - Cat2
182	Hombre	Militar	No	Privado de libertad	Aragua	Ramo Verde (Centro Nacional de Procesados Militares, Cenapromil)	30/04/2019	#28 Rebelión - Cat2
183	Hombre	Civil	No	Desaparición forzosa	Aragua	Por ubicar	20/04/2019	#14 Conspiración - Cat2
184	Hombre	Militar	No	Privado de libertad	Bolívar	DGCIM Bolívar	16/04/2019	#22 Justificación de acciones políticas gubernamentales - Cat3
185	Mujer	Militar	No	Privado de libertad, a juicio	Bolívar	DGCIM Bolívar	16/04/2019	#22 Justificación de acciones políticas gubernamentales - Cat3
186	Hombre	Militar	No	Privado de libertad	Bolívar	DGCIM Bolívar	16/04/2019	#22 Justificación de acciones políticas gubernamentales - Cat3
187	Hombre	Militar retirado	No	Privado de libertad, a juicio	Distrito Capital	Ramo Verde (Centro Nacional de Procesados Militares, Cenapromil)	12/04/2019	#28 Rebelión - Cat2
188	Hombre	Civil	No	Privado de libertad	Portuguesa	Arresto domiciliario	02/04/2019	#30 Manifestaciones y/o protestas - Cat2

#	Sexo	Condición	Antecedentes	Estatus	Entidad	Lugar de reclusión	Fecha	Categoría
189	Hombre	Civil	No	Privado de libertad	Portuguesa	Arresto domiciliario	01/04/2019	#30 Manifestaciones y/o protestas - Cat2
190	Hombre	Civil	No	Privado de libertad	Distrito Capital	Arresto domiciliario	23/03/2019	#22 Justificación de acciones políticas gubernamentales - Cat3
191	Hombre	Militar	No	Privado de libertad	Distrito Capital	Centro de Procesados Extranjeros Simón Bolívar	09/03/2019	#28 Rebelión - Cat2
192	Hombre	Militar	No	Privado de libertad	Distrito Capital	Centro de Procesados Extranjeros Simón Bolívar	08/03/2019	#14 Conspiración - Cat2
193	Hombre	Civil	No	Privado de libertad	Bolívar	CICPC Tumeremo	25/02/2019	#30 Manifestaciones y/o protestas - Cat2
194	Hombre	Civil	No	Privado de libertad	Bolívar	CICPC Tumeremo	25/02/2019	#30 Manifestaciones y/o protestas - Cat2
195	Hombre	Militar	No	Privado de libertad	Táchira	PNB Ureña	23/02/2019	#28 Rebelión - Cat2
196	Hombre	Militar	No	Privado de libertad	Táchira	PNB Ureña	23/02/2019	#28 Rebelión - Cat2
197	Hombre	Militar	No	Privado de libertad	Táchira	PNB Ureña	23/02/2019	#28 Rebelión - Cat2
198	Hombre	Militar	No	Privado de libertad	Distrito Capital	Ramo Verde (Centro Nacional de Procesados Militares, Cenapromil)	06/02/2019	#28 Rebelión - Cat2
199	Hombre	Civil	No	Privado de libertad	Portuguesa	Arresto domiciliario	04/02/2019	#30 Manifestaciones y/o protestas - Cat2
200	Hombre	Civil	No	Privado de libertad, a juicio	Barinas	Ramo Verde (Centro Nacional de Procesados Militares, Cenapromil)	28/01/2019	#14 Conspiración - Cat2
201	Hombre	Militar	No	Privado de libertad, a juicio	Distrito Capital	Sebin-Helicoide	28/01/2019	#28 Rebelión - Cat2
202	Hombre	Militar	No	Privado de libertad, a juicio	Distrito Capital	Ramo Verde (Centro Nacional de Procesados Militares, Cenapromil)	27/01/2019	#28 Rebelión - Cat2

Preso #	Género	Civil o militar	Adoles-cente	Estatus	Estado	Centro de reclusión	Fecha de arresto	Motivo del arresto
203	Hombre	Militar	No	Privado de libertad, a juicio	Barinas	Ramo Verde (Centro Nacional de Procesados Militares, Cenapromil)	27/01/2019	#28 Rebelión - Cat2
204	Hombre	Militar retirado	No	Privado de libertad, a juicio	Barinas	DGCIM Boleíta	27/01/2019	#28 Rebelión - Cat2
205	Hombre	Militar	No	Privado, admisión de hechos	Distrito Capital	DGCIM Boleíta	25/01/2019	#14 Conspiración - Cat2
206	Hombre	Civil	No	Privado de libertad	Bolívar	Destacamento GNB (Sidor)	24/01/2019	#30 Manifestaciones y/o protestas - Cat2
207	Hombre	Civil	No	Privado de libertad	Bolívar	Destacamento GNB (Sidor)	24/01/2019	#30 Manifestaciones y/o protestas - Cat2
208	Hombre	Civil	No	Privado de libertad, a juicio	Bolívar	Patrulleros Caroní	24/01/2019	#30 Manifestaciones y/o protestas - Cat2
209	Hombre	Civil	No	Privado de libertad, a juicio	Guárico	GNB Valle La Pascua (Alcaldía)	23/01/2019	#30 Manifestaciones y/o protestas - Cat2
210	Hombre	Civil	No	Privado de libertad, a juicio	Guárico	GNB Valle La Pascua (Alcaldía)	23/01/2019	#30 Manifestaciones y/o protestas - Cat2
211	Hombre	Civil	No	Privado de libertad, a juicio	Guárico	GNB Valle La Pascua (Alcaldía)	23/01/2019	#30 Manifestaciones y/o protestas - Cat2
212	Hombre	Civil	No	Privado de libertad	Carabobo	Destacamento GNB El Moñongo	23/01/2019	#30 Manifestaciones y/o protestas - Cat2
213	Hombre	Civil	No	Privado de libertad	Bolívar	Comandancia de la GNB	23/01/2019	#30 Manifestaciones y/o protestas - Cat2
214	Hombre	Civil	No	Privado de libertad	Portuguesa	Arresto domiciliario	23/01/2019	#30 Manifestaciones y/o protestas - Cat2
215	Hombre	Civil	No	Privado de libertad	Bolívar	Comandancia de la GNB	23/01/2019	#30 Manifestaciones y/o protestas - Cat2
216	Hombre	Civil	No	Privado de libertad	Barinas	Destacamento 33 GNB	23/01/2019	#30 Manifestaciones y/o protestas - Cat2
217	Hombre	Civil	No	Privado de libertad	Lara	Destacamento GNB (Cardenalito)	23/01/2019	#30 Manifestaciones y/o protestas - Cat2
218	Hombre	Civil	No	Privado de libertad, a juicio	Guárico	GNB Valle la Pascua (Alcaldía)	23/01/2019	#30 Manifestaciones y/o protestas - Cat2
219	Hombre	Civil	No	Privado de libertad	Bolívar	Comandancia de la GNB	23/01/2019	#30 Manifestaciones y/o protestas - Cat2

220	Hombre		No	Privado de libertad	Barinas	Destacamento 33 GNB	23/01/2019	#30 Manifestaciones y/o protestas - Cat2
221	Hombre	Civil	No	Privado de libertad	Carabobo	Comando Sur Ciudad Chávez	23/01/2019	#30 Manifestaciones y/o protestas - Cat2
222	Hombre	Civil	No	Privado de libertad, a juicio	Guárico	GNB Valle la Pascua (Alcaldía)	23/01/2019	#30 Manifestaciones y/o protestas - Cat2
223	Hombre	Civil	No	Privado de libertad	Carabobo	Comando Policía de Los Guayos	23/01/2019	#30 Manifestaciones y/o protestas - Cat2
224	Hombre	Civil	No	Privado de libertad, a juicio	Guárico	Arresto domiciliario	23/01/2019	#30 Manifestaciones y/o protestas - Cat2
225	Hombre	Militar	No	Privado de libertad, a juicio	Distrito Capital	Ramo Verde (Centro Nacional de Procesados Militares, Cenapromil)	21/01/2019	#28 Rebelión – Cat2
226	Hombre	Militar	No	Privado de libertad, a juicio	Distrito Capital	Ramo Verde (Centro Nacional de Procesados Militares, Cenapromil)	21/01/2019	#28 Rebelión – Cat2
227	Hombre	Militar	No	Privado de libertad, a juicio	Distrito Capital	Ramo Verde (Centro Nacional de Procesados Militares, Cenapromil)	21/01/2019	#28 Rebelión – Cat2
228	Hombre	Militar	No	Privado de libertad, a juicio	Distrito Capital	Ramo Verde (Centro Nacional de Procesados Militares, Cenapromil)	21/01/2019	#28 Rebelión – Cat2
229	Hombre	Militar	No	Privado de libertad, a juicio	Distrito Capital	Ramo Verde (Centro Nacional de Procesados Militares, Cenapromil)	21/01/2019	#28 Rebelión – Cat2
230	Hombre	Militar	No	Privado de libertad, a juicio	Distrito Capital	La Pica Deprocemil (Monagas)	21/01/2019	#28 Rebelión – Cat2
231	Hombre	Militar	No	Privado de libertad, a juicio	Distrito Capital	Ramo Verde (Centro Nacional de Procesados Militares, Cenapromil)	21/01/2019	#28 Rebelión – Cat2

Preso #	Género	Civil o militar	Adoles- cente	Estatus	Estado	Centro de reclusión	Fecha de arresto	Motivo del arresto
232	Hombre	Militar	No	Privado de libertad, a juicio	Distrito Capital	Ramo Verde (Centro Nacional de Procesados Militares, Cenapromil)	21/01/2019	#28 Rebelión – Cat2
233	Hombre	Militar	No	Privado de libertad, a juicio	Distrito Capital	Ramo Verde (Centro Nacional de Procesados Militares, Cenapromil)	21/01/2019	#28 Rebelión – Cat2
234	Hombre	Militar	No	Privado de libertad, a juicio	Distrito Capital	Ramo Verde (Centro Nacional de Procesados Militares, Cenapromil)	21/01/2019	#28 Rebelión – Cat2
235	Hombre	Militar	No	Privado de libertad, a juicio	Distrito Capital	Ramo Verde (Centro Nacional de Procesados Militares, Cenapromil)	21/01/2019	#28 Rebelión – Cat2
236	Hombre	Militar	No	Privado de libertad, a juicio	Distrito Capital	Ramo Verde (Centro Nacional de Procesados Militares, Cenapromil)	21/01/2019	#28 Rebelión – Cat2
237	Hombre	Militar	No	Privado de libertad, a juicio	Distrito Capital	Ramo Verde (Centro Nacional de Procesados Militares, Cenapromil)	21/01/2019	#28 Rebelión – Cat2
238	Hombre	Militar	No	Privado de libertad, a juicio	Distrito Capital	Ramo Verde (Centro Nacional de Procesados Militares, Cenapromil)	21/01/2019	#28 Rebelión – Cat2
239	Hombre	Militar	No	Privado de libertad, a juicio	Distrito Capital	Ramo Verde (Centro Nacional de Procesados Militares, Cenapromil)	21/01/2019	#28 Rebelión – Cat2

240	Hombre	Militar	No	Privado de libertad, a juicio	Distrito Capital	Ramo Verde (Centro Nacional de Procesados Militares, Cenapromil)	21/01/2019	#28 Rebelión – Cat2
241	Hombre	Militar	No	Privado de libertad, a juicio	Distrito Capital	Ramo Verde (Centro Nacional de Procesados Militares, Cenapromil)	21/01/2019	#28 Rebelión – Cat2
242	Hombre	Militar	No	Privado de libertad, a juicio	Distrito Capital	Ramo Verde (Centro Nacional de Procesados Militares, Cenapromil)	21/01/2019	#28 Rebelión – Cat2
243	Hombre	Militar	No	Privado de libertad, a juicio	Distrito Capital	Ramo Verde (Centro Nacional de Procesados Militares, Cenapromil)	21/01/2019	#28 Rebelión – Cat2
244	Hombre	Militar	No	Privado de libertad, a juicio	Distrito Capital	Ramo Verde (Centro Nacional de Procesados Militares, Cenapromil)	21/01/2019	#28 Rebelión – Cat2
245	Hombre	Militar	No	Privado de libertad, a juicio	Distrito Capital	Ramo Verde (Centro Nacional de Procesados Militares, Cenapromil)	21/01/2019	#28 Rebelión – Cat2
246	Hombre	Militar	No	Privado de libertad, a juicio	Distrito Capital	Ramo Verde (Centro Nacional de Procesados Militares, Cenapromil)	21/01/2019	#28 Rebelión – Cat2
247	Hombre	Militar	No	Privado de libertad, a juicio	Distrito Capital	Ramo Verde (Centro Nacional de Procesados Militares, Cenapromil)	21/01/2019	#28 Rebelión – Cat2
248	Hombre	Militar	No	Privado de libertad, a juicio	Distrito Capital	La Pica Deprocemil (Monagas)	21/01/2019	#28 Rebelión – Cat2

Preso #	Género	Civil o militar	Adolescente	Estatus	Estado	Centro de reclusión	Fecha de arresto	Motivo del arresto
249	Hombre	Militar	No	Privado de libertad, a juicio	Lara	Ramo Verde (Centro Nacional de Procesados Militares, Cenapromil)	12/10/2018	#28 Rebelión - Cat2
250	Hombre	Militar	No	Privado de libertad	Aragua	Arresto domiciliario	21/09/2018	#28 Rebelión - Cat2
251	Mujer	Civil	No	Privado de libertad, a juicio	Miranda	Sebin-Helicoide	21/09/2018	#14 Conspiración - Cat2
252	Hombre	Militar	No	Privado de libertad, a juicio	Distrito Capital	Policía Militar (Fuerte Tiuna)	14/08/2018	#28 Rebelión - Cat2
253	Hombre	Civil	No	Privado de libertad, a juicio	Distrito Capital	Arresto domiciliario	07/08/2018	#14 Conspiración - Cat2
254	Hombre	Civil	No	Privado de libertad, a juicio	Portuguesa	DGCIM Boleíta	05/08/2018	#14 Conspiración - Cat2
255	Hombre	Policía retirado	No	Privado de libertad, a juicio	Distrito Capital	DGCIM Boleíta	05/08/2018	#26 Extracción de información del entorno Dirigente Político o Perseguido no Dirigente Político - Cat4
256	Mujer	Civil	No	Privado de libertad, a juicio	Portuguesa	INOF	05/08/2019	#14 Conspiración - Cat2
257	Hombre	Militar	No	Privado de libertad, a juicio	Distrito Capital	DGCIM Boleíta	05/08/2019	#28 Rebelión - Cat2
258	Hombre	Militar	No	Privado de libertad, a juicio	Distrito Capital	Ramo Verde (Centro Nacional de Procesados Militares, Cenapromil)	04/08/2018	#28 Rebelión - Cat2
259	Hombre	Militar	No	Privado de libertad, condenado	Distrito Capital	Ramo Verde (Centro Nacional de Procesados Militares, Cenapromil)	23/05/2018	#28 Rebelión - Cat2
260	Hombre	Militar	No	Privado de libertad, a juicio	Distrito Capital	DGCIM Boleíta	22/05/2018	#28 Rebelión - Cat2
261	Hombre	Militar	No	Privado de libertad, a juicio	Distrito Capital	DGCIM Boleíta	21/05/2018	#22 Justificación de acciones políticas gubernamentales - Cat3
262	Hombre	Militar	No	Privado de libertad, a juicio	Distrito Capital	DGCIM Boleíta	20/05/2018	#28 Rebelión - Cat2

263	Hombre	Militar	No	Privado de libertad, a juicio	Distrito Capital	Ramo Verde (Centro Nacional de Procesados Militares, Cenapromil)	20/05/2018	#28 Rebelión – Cat2
264	Hombre	Militar	No	Privado de libertad, a juicio	Distrito Capital	Ramo Verde (Centro Nacional de Procesados Militares, Cenapromil)	20/05/2018	#28 Rebelión – Cat2
265	Hombre	Militar	No	Privado de libertad, a juicio	Aragua	DGCIM Boleíta	19/05/2018	#28 Rebelión – Cat2
266	Hombre	Militar	No	Privado de libertad, a juicio	Aragua	DGCIM Boleíta	18/05/2018	#28 Rebelión – Cat2
267	Hombre	Militar	No	Privado de libertad, a juicio	Aragua	DGCIM Boleíta	19/05/2018	#28 Rebelión – Cat2
268	Hombre	Militar	No	Privado de libertad, a juicio	Distrito Capital	DGCIM Boleíta	19/05/2018	#28 Rebelión – Cat2
269	Hombre	Militar	No	Privado de libertad, a juicio	Distrito Capital	Ramo Verde (Centro Nacional de Procesados Militares, Cenapromil)	17/05/2018	#28 Rebelión – Cat2
270	Hombre	Militar	No	Privado de libertad, a juicio	Aragua	Ramo Verde (Centro Nacional de Procesados Militares, Cenapromil)	17/05/2018	#28 Rebelión – Cat2
271	Hombre	Militar	No	Privado de libertad, a juicio	Distrito Capital	DGCIM Boleíta	17/05/2018	#28 Rebelión – Cat2
272	Hombre	Militar	No	Privado de libertad, a juicio	Aragua	Ramo Verde (Centro Nacional de Procesados Militares, Cenapromil)	07/05/2018	#28 Rebelión – Cat2
273	Hombre	Militar	No	Privado de libertad, a juicio	Carabobo	Ramo Verde (Centro Nacional de Procesados Militares, Cenapromil)	02/03/2018	#28 Rebelión – Cat2
274	Hombre	Militar	No	Privado de libertad, a juicio	Distrito Capital	DGCIM Boleíta	02/03/2018	#28 Rebelión – Cat2

Preso #	Género	Civil o militar	Adoles-cente	Estatus	Estado	Centro de reclusión	Fecha de arresto	Motivo del arresto
275	Hombre	Militar	No	Privado de libertad, a juicio	Distrito Capital	Cárcel de Santa Ana (Centro Penitenciario de Occidente) Procemil	02/03/2018	#28 Rebelión - Cat2
276	Hombre	Militar	No	Privado de libertad, a juicio	Táchira	Ramo Verde (Centro Nacional de Procesados Militares, Cenapromil)	02/03/2018	#28 Rebelión - Cat2
277	Hombre	Civil	No	Privado de libertad	Aragua	Arresto domiciliario	14/01/2018	#5 Otros
278	Hombre	Militar	No	Privado de libertad, a juicio	Distrito Capital	Ramo Verde (Centro Nacional de Procesados Militares, Cenapromil)	11/01/2018	#28 Rebelión - Cat2
279	Hombre	Civil	No	Privado de libertad	Zulia	Centro de Formación Hombre Nuevo "El Libertador"	24/10/2017	#22 Justificación de acciones políticas gubernamentales - Cat3
280	Hombre	Civil	No	Privado de libertad	Zulia	Centro de Formación Hombre Nuevo "El Libertador"	24/10/2017	#22 Justificación de acciones políticas gubernamentales - Cat3
281	Hombre	Civil	No	Privado de libertad	Zulia	Centro de Formación Hombre Nuevo "El Libertador"	24/10/2017	#22 Justificación de acciones políticas gubernamentales - Cat3
282	Hombre	Civil	No	Privado de libertad	Zulia	Centro de Formación Hombre Nuevo "El Libertador"	24/10/2017	#22 Justificación de acciones políticas gubernamentales - Cat3
283	Hombre	Civil	No	Privado de libertad	Zulia	Centro de Formación Hombre Nuevo "El Libertador"	24/10/2017	#22 Justificación de acciones políticas gubernamentales - Cat3
284	Mujer	Civil	No	Privado de libertad	Zulia	Arresto domiciliario	24/10/2017	#22 Justificación de acciones políticas gubernamentales - Cat3
285	Hombre	Civil	No	Privado de libertad	Zulia	Centro de Formación Hombre Nuevo "El Libertador"	24/10/2017	#22 Justificación de acciones políticas gubernamentales - Cat3

#	Sexo	Tipo		Estatus	Estado	Lugar	Fecha	Delito
286	Hombre	Civil	No	Privado de libertad	Zulia	Centro de Formación Hombre Nuevo "El Libertador"	28/09/2017	#22 Justificación de acciones políticas gubernamentales - Cat3
287	Hombre	Civil	No	Privado de libertad, a juicio	Carabobo	Bloque de Búsqueda CICPC	13/09/2017	#26 Extracción de información del entorno Dirigente Político o Perseguido no Dirigente Político - Cat4
288	Hombre	Civil	No	Privado de libertad, a juicio	Mérida	Subdelegación CICPC Tovar, Mérida	09/09/2017	#30 Manifestaciones y/o protestas - Cat2
289	Hombre	Civil	No	Privado de libertad	Zulia	DGCIM Boleita	04/09/2017	#22 Justificación de acciones políticas gubernamentales - Cat3
290	Hombre	Civil	No	Privado de libertad	Zulia	Centro de Formación Hombre Nuevo "El Libertador"	04/09/2017	#22 Justificación de acciones políticas gubernamentales - Cat3
291	Hombre	Civil	No	Privado de libertad	Zulia	Centro de Formación Hombre Nuevo "El Libertador"	04/09/2017	#22 Justificación de acciones políticas gubernamentales - Cat3
292	Hombre	Civil	No	Privado de libertad	Zulia	Centro de Formación Hombre Nuevo "El Libertador"	04/09/2017	#22 Justificación de acciones políticas gubernamentales - Cat3
293	Hombre	Civil	No	Privado de libertad	Zulia	Centro de Formación Hombre Nuevo "El Libertador"	04/09/2017	#22 Justificación de acciones políticas gubernamentales - Cat3
294	Hombre	Civil	No	Privado de libertad	Zulia	Centro de Formación Hombre Nuevo "El Libertador"	04/09/2017	#22 Justificación de acciones políticas gubernamentales - Cat3
295	Hombre	Civil	No	Privado de libertad	Zulia	Centro de Formación Hombre Nuevo "El Libertador"	04/09/2017	#22 Justificación de acciones políticas gubernamentales - Cat3
296	Hombre	Civil	No	Privado de libertad, a juicio	Carabobo	Ramo Verde (Centro Nacional de Procesados Militares, Cenapromil)	27/08/2017	#14 Conspiración - Cat2
297	Hombre	Civil	No	Privado de libertad, a juicio	Miranda	Ramo Verde (Centro Nacional de Procesados Militares, Cenapromil)	24/08/2017	#28 Rebelión - Cat2

Preso #	Género	Civil o militar	Adolescente	Estatus	Estado	Centro de reclusión	Fecha de arresto	Motivo del arresto
298	Hombre	Civil	No	Privado de libertad, a juicio	Zulia	Ramo Verde (Centro Nacional de Procesados Militares, Cenapromil)	18/08/2017	#14 Conspiración – Cat2
299	Hombre	Civil	No	Privado de libertad, a juicio	Carabobo	Arresto domiciliario	15/08/2017	#14 Conspiración – Cat2
300	Hombre	Militar	No	Privado de libertad, a juicio	Lara	Ramo Verde (Centro Nacional de Procesados Militares, Cenapromil)	15/08/2017	#28 Rebelión – Cat2
301	Hombre	Militar	No	Privado de libertad, a juicio	Distrito Capital	Ramo Verde (Centro Nacional de Procesados Militares, Cenapromil)	11/08/2017	#28 Rebelión – Cat2
302	Hombre	Militar	No	Privado de libertad, a juicio	Carabobo	Ramo Verde (Centro Nacional de Procesados Militares, Cenapromil)	06/08/2017	#14 Conspiración – Cat2
303	Hombre	Civil	No	Privado de libertad, a juicio	Carabobo	Ramo Verde (Centro Nacional de Procesados Militares, Cenapromil)	06/08/2017	#14 Conspiración – Cat2
304	Hombre	Policía retirado	No	Privado de libertad, a juicio	Carabobo	Ramo Verde (Centro Nacional de Procesados Militares, Cenapromil)	06/08/2017	#14 Conspiración – Cat2
305	Hombre	Civil	No	Privado de libertad, a juicio	Carabobo	Ramo Verde (Centro Nacional de Procesados Militares, Cenapromil)	06/08/2017	#22 Justificación de acciones políticas gubernamentales – Cat3
306	Hombre	Civil	No	Privado de libertad, a juicio	Carabobo	Ramo Verde (Centro Nacional de Procesados Militares, Cenapromil)	06/08/2017	#14 Conspiración – Cat2

307	Hombre	Civil	No	Privado de libertad, a juicio	Carabobo	Ramo Verde (Centro Nacional de Procesados Militares, Cenapromil)	06/08/2017	#14 Conspiración - Cat2
308	Hombre	Civil	No	Privado de libertad, a juicio	Carabobo	Ramo Verde (Centro Nacional de Procesados Militares, Cenapromil)	06/08/2017	#14 Conspiración - Cat2
309	Hombre	Civil	No	Privado de libertad, a juicio	Carabobo	Ramo Verde (Centro Nacional de Procesados Militares, Cenapromil)	06/08/2017	#14 Conspiración - Cat2
310	Hombre	Militar	No	Privado de libertad, a juicio	Carabobo	DGCIM Boleita	06/08/2017	#4 Rebelión militar
311	Hombre	Militar	No	Privado de libertad, condenado	Monagas	La Pica Deprocemil (Monagas)	30/07/2017	#28 Rebelión - Cat2
312	Hombre	Civil	No	Privado de libertad	Lara	Centro Penitenciario Región Centro Occidental (Uribana-Anexo Fénix)	27/07/2017	#30 Manifestaciones y/o protestas - Cat2
313	Hombre	Militar	No	Privado de libertad, condenado	Miranda	La Pica Deprocemil (Monagas)	21/07/2017	#28 Rebelión - Cat2
314	Hombre	Civil	No	Privado de libertad	Carabobo	Arresto domiciliario	20/07/2017	#28 Rebelión - Cat2
315	Hombre	Civil	No	Privado de libertad	Carabobo	Centro Penitenciario Región Centro Occidental (Uribana-Anexo Fénix)	20/07/2017	#28 Rebelión - Cat2
316	Hombre	Militar	No	Privado de libertad, condenado	Monagas	Cárcel de Santa Ana (Centro Penitenciario de Occidente) Procemil	07/07/2017	#28 Rebelión - Cat2
317	Hombre	Civil	No	Privado de libertad	Aragua	Centro Penitenciario Región Centro Occidental (Uribana-Anexo Fénix)	26/06/2017	#30 Manifestaciones y/o protestas - Cat2

Preso #	Género	Civil o militar	Adolescente	Estatus	Estado	Centro de reclusión	Fecha de arresto	Motivo del arresto
318	Hombre	Civil	No	Privado de libertad	Carabobo	Ramo Verde (Centro Nacional de Procesados Militares, Cenapromil)	12/06/2017	#28 Rebelión - Cat2
319	Hombre	Civil	No	Privado de libertad	Carabobo	Ramo Verde (Centro Nacional de Procesados Militares, Cenapromil)	12/06/2017	#28 Rebelión - Cat2
320	Hombre	Militar	No	Privado de libertad, a juicio	Distrito Capital	Ramo Verde (Centro Nacional de Procesados Militares, Cenapromil)	30/03/2017	#28 Rebelión - Cat2
321	Hombre	Militar	No	Privado de libertad, a juicio	Distrito Capital	Ramo Verde (Centro Nacional de Procesados Militares, Cenapromil)	28/03/2017	#28 Rebelión - Cat2
322	Hombre	Militar	No	Privado de libertad, a juicio	Aragua	Ramo Verde (Centro Nacional de Procesados Militares, Cenapromil)	19/01/2017	#28 Rebelión - Cat2
323	Hombre	Militar	No	Privado de libertad, a juicio	Aragua	Ramo Verde (Centro Nacional de Procesados Militares, Cenapromil)	19/01/2017	#28 Rebelión - Cat2
324	Hombre	Militar	No	Privado de libertad, a juicio	Aragua	Ramo Verde (Centro Nacional de Procesados Militares, Cenapromil)	19/01/2017	#28 Rebelión - Cat2
325	Hombre	Militar	No	Privado de libertad, a juicio	Aragua	Ramo Verde (Centro Nacional de Procesados Militares, Cenapromil)	19/01/2017	#28 Rebelión - Cat2

#	Sexo	Tipo		Estado	Lugar	Fecha	Cargo
326	Hombre	Militar	No	Privado de libertad, a juicio	Aragua	Ramo Verde (Centro Nacional de Procesados Militares, Cenapromil)	19/01/2017	#28 Rebelión - Cat2
327	Hombre	Militar	No	Privado de libertad, a juicio	Aragua	Ramo Verde (Centro Nacional de Procesados Militares, Cenapromil)	19/01/2017	#28 Rebelión - Cat2
328	Hombre	Militar	No	Privado de libertad, a juicio	Aragua	Ramo Verde (Centro Nacional de Procesados Militares, Cenapromil)	19/01/2017	#28 Rebelión - Cat2
329	Hombre	Militar retirado	No	Privado de libertad	Aragua	Policía Militar (Fuerte Tiuna)	12/01/2017	#28 Rebelión - Cat2
330	Mujer	Civil	No	Privado de libertad, a juicio	Aragua	Las Crisálidas-Los Teques	16/12/2015	#14 Conspiración - Cat2
331	Hombre	Militar	No	Privado de libertad, condenado	Distrito Capital	DGCIM Boleíta	20/11/2015	#28 Rebelión - Cat2
332	Mujer	Civil	No	Privado de libertad, a juicio	Táchira	Las Crisálidas-Los Teques	11/09/2015	#14 Conspiración - Cat2
333	Hombre	Militar retirado	No	Privado de libertad	Aragua	Arresto domiciliario	17/06/2015	#14 Conspiración - Cat2
334	Hombre	Civil	No	Privado de libertad	Carabobo	Las Crisálidas-Los Teques	10/06/2015	#27 Venganza individual Funcionario de gobierno
335	Hombre	Civil	No	Privado de libertad	Carabobo	Centro Penitenciario de Carabobo (Tocuyito)	03/06/2015	#27 Venganza individual Funcionario de gobierno
336	Hombre	Militar	No	Privado de libertad, condenado	Aragua	Ramo Verde (Centro Nacional de Procesados Militares, Cenapromil)	11/02/2015	#28 Rebelión - Cat2
337	Hombre	Militar	No	Privado de libertad	Miranda	Centro Penitenciario 26 de Julio	21/01/2015	#14 Conspiración - Cat2

Preso #	Género	Civil o militar	Adoles-cente	Estatus	Estado	Centro de reclusión	Fecha de arresto	Motivo del arresto
338	Hombre	Militar retirado	No	Privado de libertad, condenado	Aragua	Ramo Verde (Centro Nacional de Procesados Militares, Cenapromil)	15/05/2014	#22 Justificación de acciones políticas gubernamentales - Cat3
339	Hombre	Militar	No	Privado de libertad, condenado	Aragua	Ramo Verde (Centro Nacional de Procesados Militares, Cenapromil)	02/05/2014	#28 Rebelión - Cat2
340	Hombre	Militar	No	Privado de libertad, condenado	Aragua	Ramo Verde (Centro Nacional de Procesados Militares, Cenapromil)	02/05/2014	#28 Rebelión - Cat2
341	Hombre	Militar	No	Privado de libertad, condenado	Aragua	Ramo Verde (Centro Nacional de Procesados Militares, Cenapromil)	02/05/2014	#28 Rebelión - Cat2
342	Hombre	Militar	No	Privado de libertad, condenado	Aragua	Ramo Verde (Centro Nacional de Procesados Militares, Cenapromil)	02/05/2014	#22 Justificación de acciones políticas gubernamentales - Cat3
343	Hombre	Militar retirado	No	Privado de libertad, condenado	Aragua	Hospital Militar de Caracas	24/03/2014	#28 Rebelión - Cat2
344	Hombre	Civil	No	Privado de libertad, condenado	Sucre	Internado Judicial de Cumaná	16/04/2013	#30 Manifestaciones y/o protestas - Cat2
345	Hombre	Civil	No	Privado de libertad, condenado	Distrito Capital	Sebin-Helicoide	23/11/2004	#22 Justificación de acciones políticas gubernamentales - Cat3
346	Hombre	Civil	No	Privado de libertad, condenado	Distrito Capital	Sebin-Helicoide	23/11/2004	#22 Justificación de acciones políticas gubernamentales - Cat3
347	Hombre	Policía	No	Privado de libertad, condenado	Portuguesa	Sebin-Helicoide	20/11/2004	#22 Justificación de acciones políticas gubernamentales - Cat3

348	Hombre	Policía	No	Privado de libertad, condenado	Distrito Capital	Ramo Verde (Centro Nacional de Procesados Militares, Cenapromil)	20/04/2003	#22 Justificación de acciones políticas gubernamentales - Cat3
349	Hombre	Policía	No	Privado de libertad, condenado	Distrito Capital	Ramo Verde (Centro Nacional de Procesados Militares, Cenapromil)	19/04/2003	#22 Justificación de acciones políticas gubernamentales - Cat3
350	Hombre	Policía	No	Privado de libertad, condenado	Distrito Capital	Ramo Verde (Centro Nacional de Procesados Militares, Cenapromil)	19/04/2003	#22 Justificación de acciones políticas gubernamentales - Cat3
351	Hombre	Policía	No	Privado de libertad, condenado	Distrito Capital	Ramo Verde (Centro Nacional de Procesados Militares, Cenapromil)	19/04/2003	#22 Justificación de acciones políticas gubernamentales - Cat3

Agradecimientos

Mi primer agradecimiento es para Claudia Rondón. Ella es quien consiguió la entrevista con Maduro. Aún sigue siendo un misterio por qué el dictador la aceptó. Y lo único que se me ocurre es que, equivocadamente, creyó que iba a ganar algo. Sea como sea, todo comenzó con Claudia.

María Martínez, con quien he trabajado durante décadas, fue una valiente líder que nunca nos dejó solos y que cuidó al equipo en todo momento en circunstancias muy peligrosas. Si ella no me hubiera seguido cuando me metieron a un cuartito para revisarme luego de la entrevista, cualquier cosa habría podido ocurrido.

Francisco Urreiztieta, corresponsal de Univision en Caracas, ha arriesgado su vida durante años al reportar fielmente lo que pasa en Venezuela. Su templanza y su experiencia fueron fundamentales para preparar y realizar la entrevista.

El camarógrafo venezolano Édgar Trujillo es quien más ha sacrificado a nivel personal y familiar tras la realización de la entrevista. Ahora no podemos contar su historia completa pero él me ha dicho que algún día lo hará. Gracias, Édgar, por todo lo que has hecho por nosotros.

He viajado a tantos lugares interesantes con el camarógrafo mexicano Martín Guzmán que los dos ya hemos perdido la cuenta. Si Martín viaja conmigo yo sé que las cosas van a estar bien. Su energía e intensidad son contagiosas. Nunca lo he visto quieto y así lo queremos siempre.

Algún día, espero, veremos el gran trabajo que hizo el camarógrafo colombiano Juan Carlos Guzmán durante la entrevista con Maduro. Es cuidadoso y perfeccionista como pocos. Todo lo que filmó Juan Carlos —al igual que Édgar y Martín— se lo robaron. Pero confío en que alguien tenga todavía esas imágenes. Ellos filmaron la versión original de la historia.

La solidaridad del corresponsal Pedro Ultreras fue un refugio en los momentos más difíciles. Su celular —el único disponible— fue nuestro contacto con el mundo. Y al final, injustamente, fue deportado de Venezuela junto con nosotros.

La única manera de que salga bien una entrevista es si haces concienzudamente tu tarea. Y tres extraordinarias periodistas venezolanas me ayudaron a hacerla. Tamoa Calzadilla me dio una clase intensiva de la Venezuela reciente y me ayudó a afinar los temas en los que había que enfrentar a Maduro. Eulimar Núñez y Maye Primera me sugirieron muchas preguntas y cementaron mi convicción de que había que entrarle duro a Maduro, ya que no habría una segunda oportunidad. Sé que solo fui conducto de varias de sus preguntas.

Andrés Echevarría, siempre a mi lado, me consiguió todo el material que necesitaba para escribir este libro y organizó la sección de fotografías. Y todo con la mejor actitud y una sonrisa, a pesar de las presiones y las urgencias.

Yoslin Sánchez me consiguió de emergencia la lista, con nombre y apellido, de más de 400 presos políticos en Venezuela. Esa lista fue fundamental para mostrársela a Maduro cuando él negó que hubiera gente en la cárcel por razones políticas. Ahora él sabe que nosotros sabemos. Y esa es una manera de proteger la vida de los que siguen detenidos.

Gracias a Foro Penal por el extraordinario, difícil y vital trabajo de investigar, detallar y denunciar la presencia de presos políticos en Venezuela. Sin ellos no sabríamos quiénes están en la cárcel por razones de conciencia y diferencias políticas. Gracias en particular a Alfredo Romero quien me proporcionó la lista de prisioneros políticos actualizada al 31 de diciembre del 2020 y que se publica en el apéndice de este libro.

Tengo que agradecer profundamente a todo el personal de las embajadas de México y Estados Unidos en Caracas. Luego de nuestra detención no sé cómo hubiéramos salido de Venezuela sin su protección, su equipo de seguridad y sin sus camionetas. Estoy plenamente consciente de que he criticado por distintas razones a los gobiernos de Andrés Manuel López Obrador y de Donald Trump. Pero eso no fue nunca ningún impedimento para que sus diplomáticos y funcionarios nos cuidaran y nos sacaran de Venezuela.

Quiero darle las gracias de una manera muy especial a Juan Manuel Nungaray —actual embajador de México en Paraguay—, quien nunca se despegó de nosotros desde que llegamos al hotel, luego de nuestro arresto, y que cumplió su promesa de llevarnos, literalmente, a la puerta del avión en el aeropuerto de Caracas. Nunca voy a olvidar su calma, su certeza y esa claridad para encontrar soluciones en los momentos más complicados.

Poco a poco me he ido enterando de gente que presionó y que usó todos sus contactos para que nos liberaran en Venezuela. Casi dos años después, por ejemplo, me enteré de que De'Ara Balenger llamó urgentemente a toda la gente que conocía en el Departamento de Estado hasta que supo que nos habían soltado. Gracias De'Ara por tanto cariño y solidaridad.

Hay una foto tomada por el productor y mi amigo Mark Lima en la cual el presidente de noticias de Univision, Daniel Coronell, me está dando un gran y sentido abrazo a mi llegada al aeropuerto de Miami. Esa foto fue la culminación de muchas horas de trabajo para que nos liberaran. Daniel sabía que si pasábamos encarcelados la noche de la entrevista, luego sería muy difícil sacarnos. Y llamó incansablemente a funcionarios de varios gobiernos hasta que nos liberaron. Pero su jugada maestra fue la lluvia de tuits que desató al saber que nos habían detenido y robado el material de la entrevista. Eso, creo, lo cambió todo. Y, por si fuera poco, con su ingenio y el de María Martínez, lograron recuperar la entrevista. ¡Gracias, Daniel!

Mis compañeros de trabajo en Univision me dieron la mejor recepción de mi vida al regresar a la sala de redacción en Miami. Esas cosas te marcan para toda la vida. La primera en darme un abrazo —en nombre de todos— fue la periodista cubanoamericana Martha Flores, que desafortunadamente ya no está con nosotros.

Univision es como mi segundo hogar. Literalmente he vivido ahí durante más de tres décadas y no me cansó nunca de ir a trabajar. Tengo la suerte de hacer lo que más me gusta. Gracias a Univision por permitirme utilizar el material de esta entrevista y por apoyarme en cada momento.

Este libro, en realidad, fue una idea de Ariel Rosales, mi querido, visionario y talentosísimo editor de Penguin Random House en la Ciudad de México. Hace varios meses me llamó por teléfono y me dijo que por qué no escribía un libro sobre la entrevista con Maduro. Y aquí está. Para mí esta colaboración tiene un importante valor emocional. Ariel fue quien publicó mi primer libro en 1998 (*Detrás de la máscara*) y ahora, a su lado, va el último.

Roberto Banchik, director general de Penguin Random House en México, apoyó el proyecto desde un principio. Pero, lo más importante, es que leyó el primer borrador completo y me pasó observaciones muy puntuales para hacerlo más profundo. Los periodistas solemos ir de prisa. Roberto me detuvo, me pidió que respirara, reflexionara, describiera y contextualizara sin la presión de entregar al día siguiente. Eso solo te lo puede decir alguien que sabe mucho de libros. Gracias, Roberto, por el espacio que me regalaste.

Y, finalmente, tengo una enorme deuda pendiente con todos los hombres y mujeres de la oposición política en Venezuela. Admiro su lucha, su valentía y su sacrificio. He hablado con ellos en innumerables ocasiones y no deja de sorprenderme su compromiso para luchar por la democracia en Venezuela, a costa de enormes sacrificios personales. Creo, como ustedes, que algún día Venezuela será libre.

JORGE RAMOS

Es periodista, escritor, columnista sindicado e inmigrante en Estados Unidos. La revista *Time* lo consideró como una de las "100 personas más influyentes del mundo". Ramos es el conductor del Noticiero Univision desde 1986, donde también es responsable del programa de entrevistas Al Punto y del sitio digital *Real America*. Es colaborador de la página de opinión de *The New York Times* y de más de 40 diarios en Estados Unidos y América Latina. Este es su libro número 14. Ha entrevistado a los líderes más importantes de nuestra época (Joe Biden, Barack Obama, Hugo Chávez, Fidel Castro, AMLO, Álvaro Uribe...) y ha recibido algunos de los principales premios de periodismo, incluyendo el Maria Moors Cabot de la Universidad de Columbia, el Gabriel García Márquez a la "excelencia en el ámbito periodístico" y varios Emmys. Nació en la Ciudad de México, vive en Miami, tiene una maestría en relaciones internacionales, es defensor de los inmigrantes y aboga por el periodismo como contrapoder.